Herwig Bachler

Mein Festspielsommer 2024

Huldigung an die Einöd Waberl
Geschichte eines Mordes

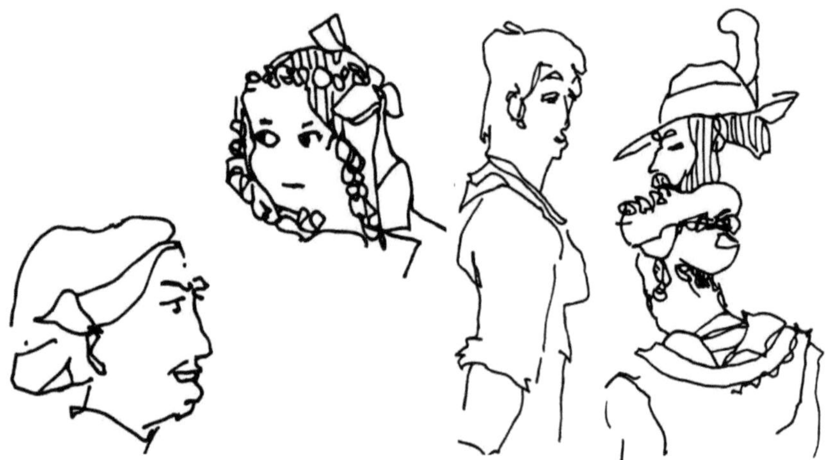

Dank

Ich danke allen, die mir bereitwillig mit Auskünften und Anregungen geholfen haben. Sowohl in direkten Interviews, wo ich unendlich viel erfahren durfte, als auch in Archiven, wo mir nur Hilfestellung und keinerlei Hindernisse entgegen gebracht worden sind.

Ich danke allen für die großartige konkrete Unterstützung, dieses Werk voranzubringen, und ich will den Beitrag ALLER Mitwirkenden des Festspiels ebenso wie den Beitrag der Besucher hier hervorheben: Mit allen zusammen wird dieses großartige gemeisame Werk erst möglich und auf dieser Grundlage konnte ich mich von diesem Interesse und der elektrisierenden Aufmerksamkeit getragen fühlen.

Das hat mir den Antrieb gegeben, weiter und weiter zu machen.

So konnte ich spüren, daß es einen Sinn hat, dem Schicksal eines kleines Kindes vor weit über hundert Jahren nachzuspüren.

Aus Spüren wurde Gewißheit: Ja, ich sehe jetzt, daß es einen Sinn hat, daß Papiere über hundert Jahre in einer Schachtel liegen, bis ich komme, der sie lesen will.

Es hat einen Sinn, zu hören, was in den alten erzählten Geschichten steckt,
und es hat einen Sinn, im ungelebten Leben eines kleinen Kindes
das Rad des Lebens zu entdecken.

Und ein besonderer Dank an Paula Grogger, die uns allen die Gelegenheit gibt, überhaupt daran zu denken und zu erkennen.

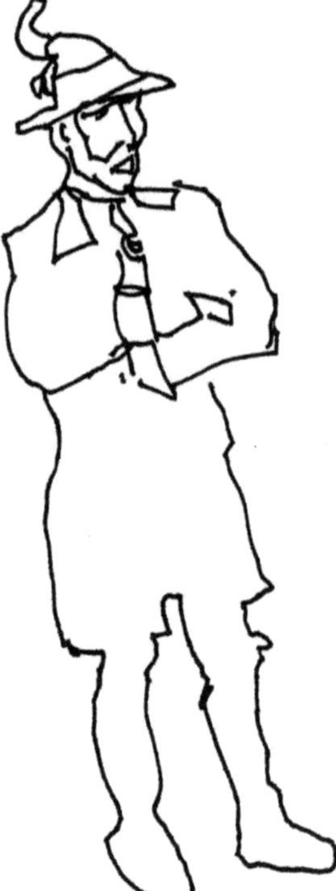

Mein Festspielsommer 2024

Verlag: BoD · Books on Demand GmbH,
Überseering 33, 22297 Hamburg, bod@bod.de
Druck: Libri Plureos GmbH,
Friedensallee 273, 22763 Hamburg
ISBN: 978-3-8192-0950-5
Öblarn, 2025

8960 Öblarn 11

Herwig Bachler

Mein Festspielsommer 2024

Huldigung an die Einöd Waberl
Geschichte eines Mordes

Die Einöd Waberl und der reale Kriminalfall.
Hintergrundgeschichte der Figur aus dem Theaterstück
von Paula Grogger „Die Hochzeit von Gstatt", dem Öblarner Festspiel.

Kapitel

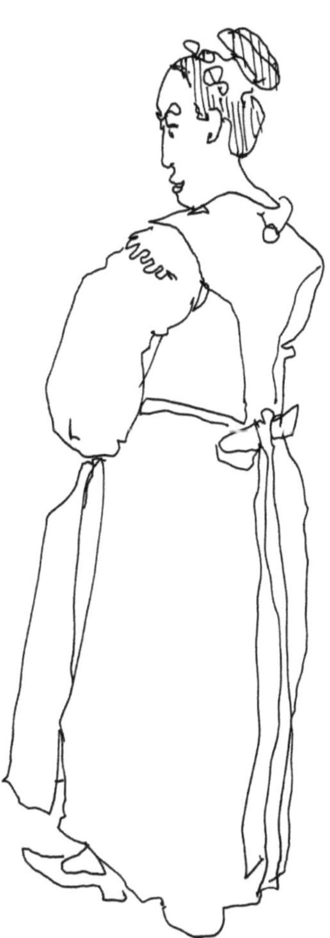

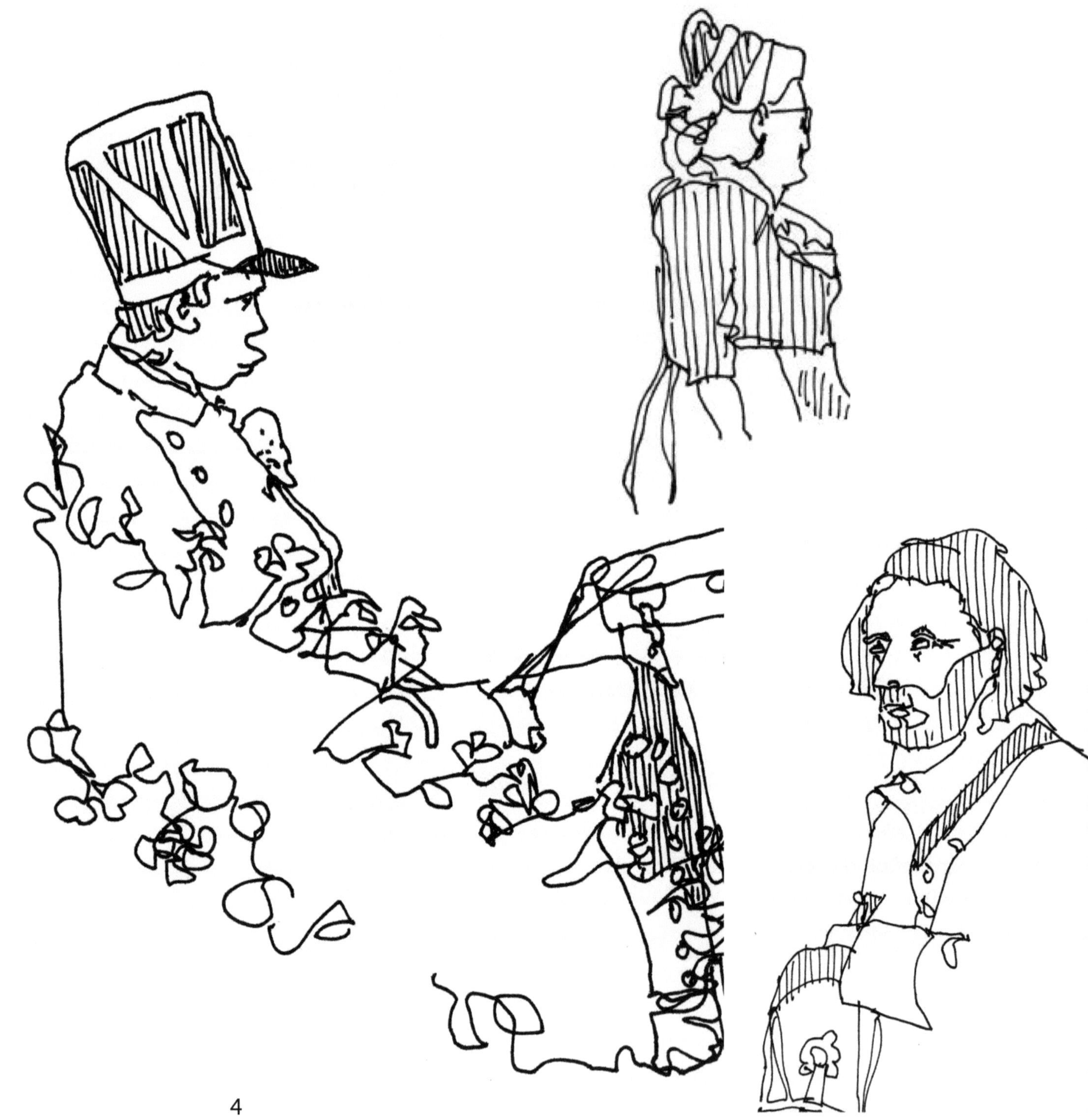

Kapitel 1
Meine Skizzen der Festspielsaison 2024

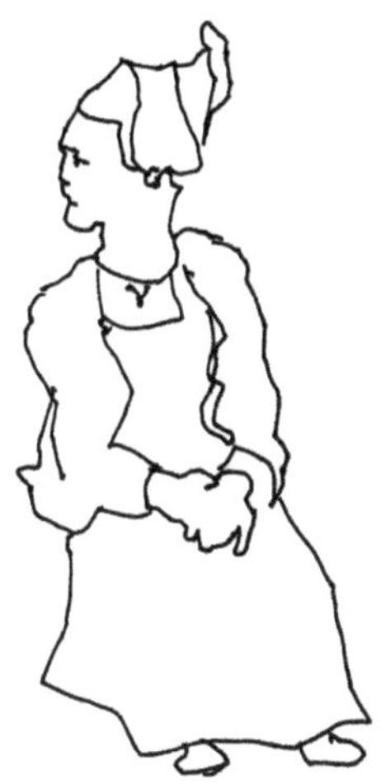

Viele Mitspieler haben mich beobachtet, wie ich mit Zeichenheft und Feder irgendwo stehe und Skizzen mache. Manchmal etwas versteckter am Rand und manchmal direkt unter den Leuten. Eine Auswahl der Bilder ist hier unter den Text gemischt, um den Seitenfluß ein wenig aufzulockern und um die grausame Mordsgeschichte immer wieder mit dem Festspiel zu verknüpfen.
Also bitte ich um Nachsicht, wenn erkennbare Figuren unmittelbar neben argen Texten zu stehen kommen.
Für mich gehören in diesem Festspielsommer beide Seiten zusammen:
Das grandiose und einzigartige Ereignis des Festspieles und die gefundene Hintergrundgeschichte, die mir diesen Sommer viel Aufmerksamkeit abgerungen hat. Zudem habe ich unsere Autorin Paula Grogger durch die intensive Beschäftigung viel mehr schätzen gelernt: Seit meiner Erkenntnis, daß sie dem armen Kind ein Denkmal gesetzt hat,
hat sie ohnehin einen Stein im Brett bei mir.
Manche meiner Skizzen sind gelungener als andere, manche sind fast Portraits, andere fangen die Stimmung und die Kostüme ein.
Es sind Eindrücke eines Sommernachtstraumes mit Namen Festspiel.
Mein Festspielsommer 2024.

Ein Denkmal

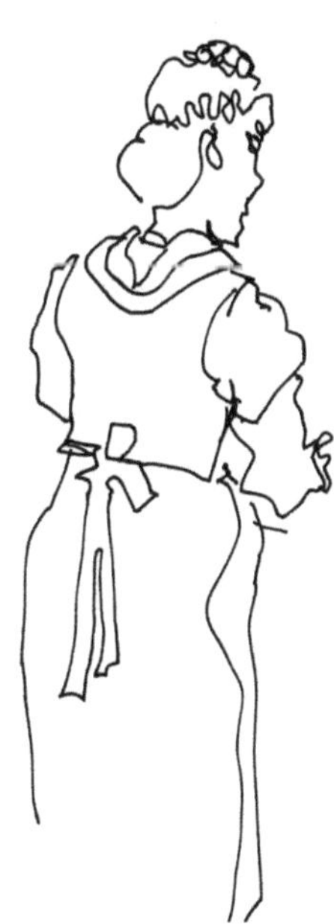

Herwig Bachler

PS: Für alle, die nun schon den Rotstift zücken wollten:
Nein, dieses Büchel ist nicht in Reformschreibe abgefaßt,
sondern in der Rechtschreibung des 20. Jahrhunderts.

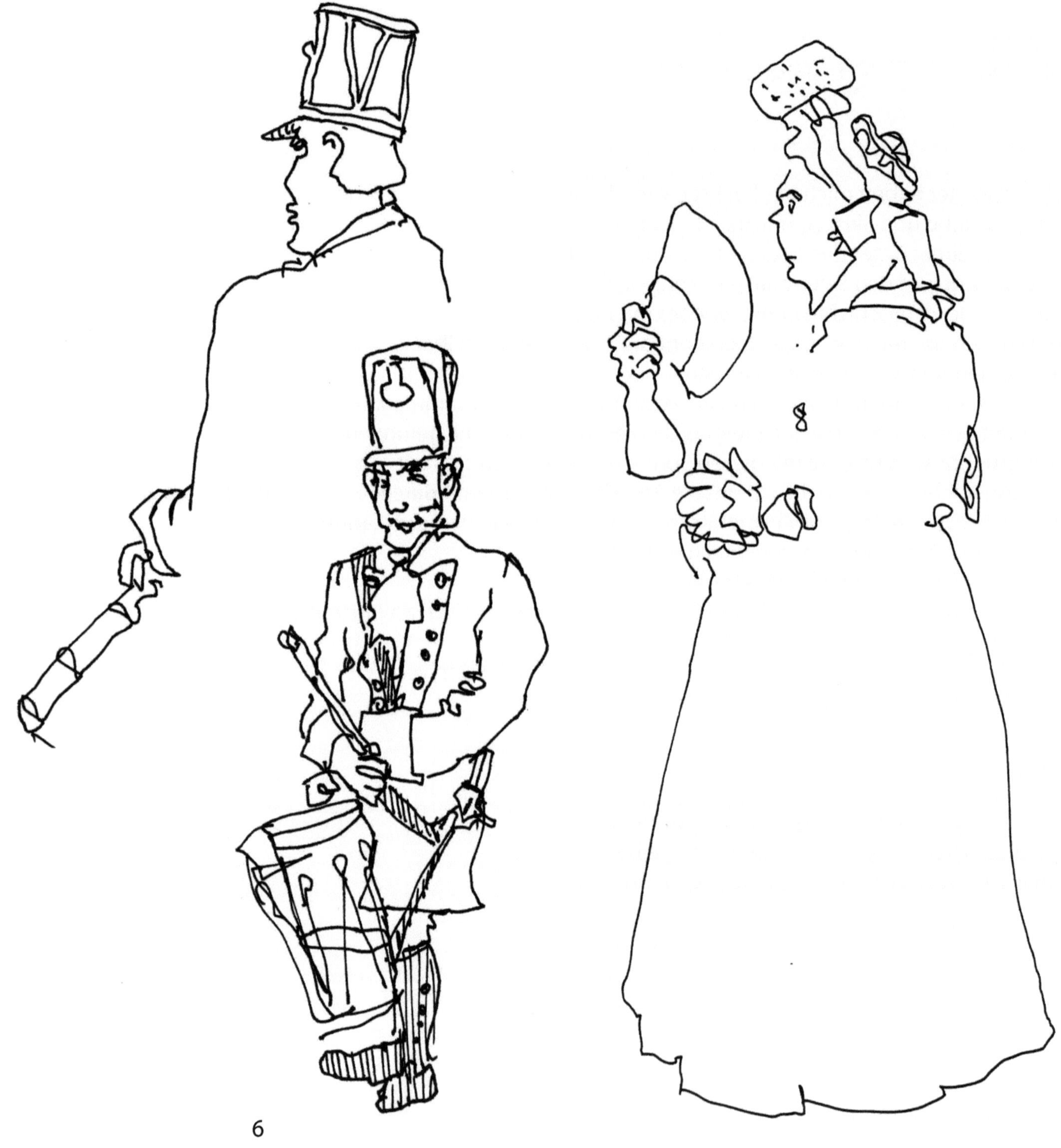

Kapitel 2
Der Kriminalfall: gelöst?

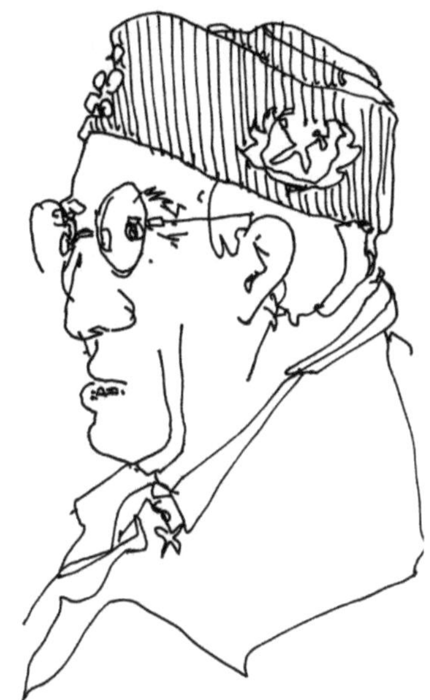

Paulas Figurenauswahl

Samstag, 6. Juli 2024:
Bei der Feier nach der Premiere der diesjährigen Festspielaufführung kam am letzten noch stehenden Tisch vor dem Feuerwehrstand zwischen dem Moosbrugger Gabriel (=Erzherzog Johann) und mir (=Hutmann) die Rede auf die Figuren im Festspiel: Welche Häuser erwähnt sind und welche nicht: Für die nicht erwähnten Häuser scheint es eine einfache Regel zu geben: Die evangelischen Häuser kommen gar nicht vor, und arme, also damals verschuldete Häuser und Höfe erwähne sie ebenso wenig. Dabei, so diskutieren wir, gebe es aber erstaunliche Lücken: So kommt auch der Pilzen-Schmied nicht vor: Und dies obwohl der Pilzen-Schmied schon damals bestanden hat, und katholisch waren die Pilzen auch: Noch dazu war das Elternhaus der Paula Grogger im Eisenwarenhandel aufgestiegen, sodaß die Metallbranche und damit der Schmied doch sozusagen der vertraute Nachbar wäre, den man kennt und der allein wegen der Vertrautheit in literarischen Werken vorkommen würde…

Eine andere Seltsamkeit in der Auswahl der Figuren steht mit der **Einöd Waberl** vor uns:
Der Einöder Hof war immer nur eine kleine Keusche, kaum überlebensfähig, und nach mehreren Verkäufen im 19. und 20. Jahrhundert schließlich vom Stapfer gekauft, wo es heute dazugehöre. Es ist kein eigenständiger Hof mehr. Daß ausgerechnet von dort eine der Hauptfiguren des Spieles herstamme, passe überhaupt nicht ins Bild. Aber, so habe ich entgegnet, aus der kleinsten Hütte könne ein wiffes Mäderl stammen, das vom Schulmeister gefördert wird und das beim Gedichtaufsagen dann brillieren kann. Aber natürlich, ins Bild der üblichen sonst vorkommenden Gesellschaftsschichten passe sie nicht.

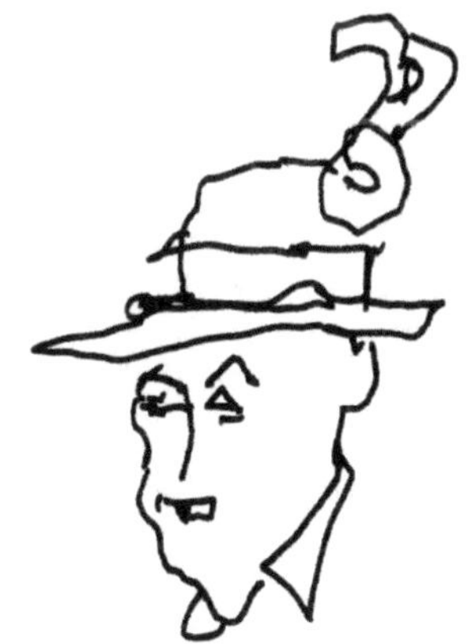

Dann folgt der alarmierende Satz:
Beim Einöder ist einmal ein Kind verloren gegangen.

Der Schock

Was heißt verloren? Ich bin völlig elektrisiert. Was heißt verloren? Gabriel erzählt, daß die Geschichte weitergegeben wird, daß das kleine Mäderl mit einem Onkel oder Paten zum Kramer zum Fassen
gegangen sei, und auf Dreiviertelweg heim, in Edling seien sie draufgekommen, daß der Butter nicht dabei sei. Daraufhin ist nur das Mäderl zurückgelaufen, um den Butter zu holen, und von diese Gang zum Kramer ist sie nie wieder zurückgekommen. Man hätte später nur mehr ihre Zöpfe und die Schuhe gefunden. Man habe sie mit Suchhunden gesucht, die hätten eine Spur verfolgt, bis zu einem Bahnwärterhaus, das dort gewesen sei, wo jetzt die Überführung in Edling ist.

Nur die Zöpfe und Schuhe

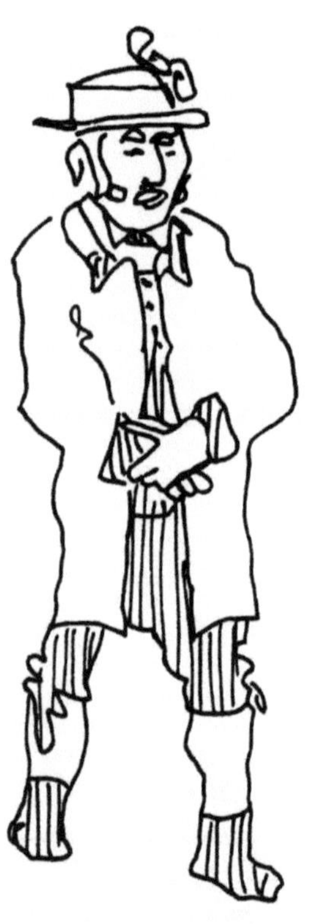

Er wisse jedoch nicht, wann das gewesen ist. Das Einöder sei ja ein paar Mal verkauft worden.Ich meine noch, daß Käuschler-Bauern wohl keine Butter beim Krämer kaufen, es müsse wohl eine andere Kleinigkeit gewesen sein. Aber an dem Fall scheine doch etwas dran zu sein, denn spürbarerweise sei die Autorin des Stückes doch so vom dem Einöder Mäderl überzeugt gewesen, daß sie ihr sogar die heimliche Hauptrolle gegeben hat: Die Rolle des Verkündigungsengels, der Gegenwart und Zukunft prophezeit. In der Huldigung gegen Schluß des Spieles, spricht die Einöd Waberl doch zum immer noch heimlichen Liebespaar Johann und Anna, daß sie ein großes gemeinsames Leben haben werden.

Der Pilz Thomas hat mir eine Variante der Geschichte erzählt: Die Knochen und die Zöpfe habe man am Schattenberg gefunden, sagt er, und den Mörder nie gefaßt.

Wiederkehr als Engel

Aber das Einöder-Kind: Wie hat das geheißen? Wenn der Name noch Barbara wäre, dann wäre es eindeutig: Waberl ist ja die Koseform zu Barbara. Dann würde die Autorin einem verschwundenen Kind, das als Verbrechensopfer aus seinem Lebensweg gerissen worden ist, eine Wiederkehr als Engel bescheren. Wann mag das schreckliche Ereignis gewesen sein?
Und was war wirklich passiert?

Da die Autorin unseres Stückes offenbar bei der Figur der Waberl von sonst üblichen Mustern abgewichen ist, muß sie wohl sehr von der Geschichte betroffen gewesen sein. Entweder war das Ereignis also knapp vor dem ersten Festspiel und damit ganz frisch z.B. in den letzten Jahren vor 1936, oder es war

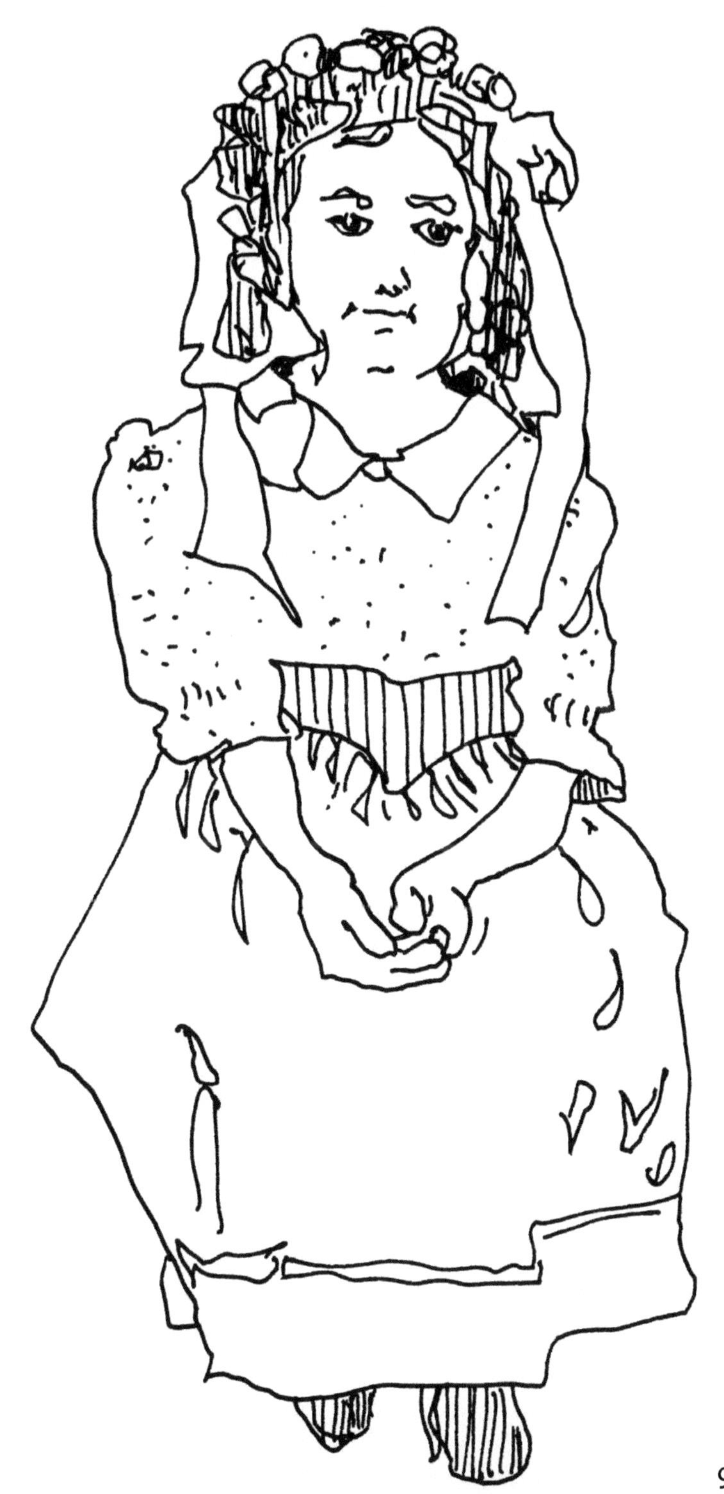

zu ihrer Zeit als Lehrerin ab 1914, oder als prägendes Ereignis in ihrer Kindheit. Falls das verschwundene Kind eine Schulkollegin von Paula Grogger gewesen wäre oder auch ein Jahrzehnt zuvor, dann öffnet sich nun ein Zeitfenster von 1885 bis 1935. Also 50 Jahre, in denen eine Autorin so mitgerissen von schreck-

Die verlorenen und verwaisten Kinder

lichen Ereignissen ist, daß sie über arme verlorene Kinder nachsinniert und in ihren Festspieltext einbaut. Wenn man etwas dazubedenkt, sieht man die verlorenen und verwaisten Kinder auch in anderen Werken. Im „Grimmingtor", und auch in Texten wie dem „Röcklein des Jesukindleins" und anderen Geschichten.

Hast Du sie mit Zuckerwasser gestärkt?

Die verlorenen Kinder ziehen sich durch das ganze textliche Werk. Und im Stück werden ja auch die Zöpfe der Waberl zum Thema: „Hast Du sie mit Zuckerwasser gestärkt?" Welch eine unheimliche Hervorhebung der Zöpfe, die als einziges körperliches Relikt vom Opfer geblieben sind.

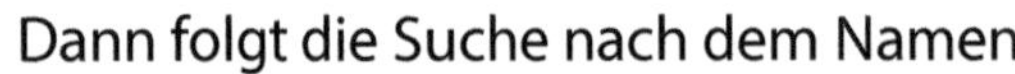

Dann folgt die Suche nach dem Namen.
Die Schmiedhofer Christl wird als möglicherweise Wissende als erste befragt: Hutmann und Einöd-Großmutter spazieren also nach dem Auszug im zweiten Akt zur Jausenausgabe beim Festspiel-Depot, und unterhalten sich über das verschwundene Kind, wie es heißen könnte und wann was passiert ist.
Ja, da waren zwei Kinder und eines ist verschwunden.
Und da war der Heiner, der ist weggegangen, der wollte Apfelbauer werden in der Südsteiermark. Der war dann weg und er hat aber nicht Fuß fassen können, und ist zurückgekommen. Aber er war irgendwie verrückt.
Neben einigen Andeutungen zu schrecklichen Geschichten in der Vergangenheit fallen auf diesem Weg zwei Namen: Wörgötter Toni und Dembski Vroni.

Der Toni, der Alte Knappe im Festspiel, - so stellt sich heraus- hat als Kind beim Einöder gewohnt, und weiß, daß seine Eltern mit ihm zuerst beim Einöder gewohnt haben, ehe sie eine Stufe hinauf zum Maderebner gezogen sind, weil sie den Hof gepachtet haben. Und da war vor ihnen ein Heiner Köck, dessen

Suche nach dem Namen

Schwester weg gekommen ist, und der ist verrückt geworden.
Aber da solle ich die Dembski Vroni fragen, die sei mit ihm verwandt.

Also die Vroni:
Huch, so eine unangenehme Person, der Heiner. Der war verrückt, er hat so komisch gelacht und immer mit einem Pendel herumgefuchtelt. Und das schlimmste war, als er gekommen ist: Da ist sie gerade mit dem Wickelkind Martina zu Hause

gewesen, als plötzlich ein völlig abgerissener Fremder bei der Tür herein ist und der hat so verrückt gelacht. Er war einfach da und wollte nicht gehen. Vroni hat sich gedacht, daß er ganz gefährlich ist und sie hat schon überlegt, die kleine Martina zu schnappen und schnell zu laufen. Sie war dann froh als er wieder weg war. Der Heiner ist dann wohl zum Einöder, wo ihn jemand aufgenommen hat. Er ist dann wohl in den 1980er Jahren verstorben. Einmal als er noch weg war, hat er mit seinem Pendel eine Thermalquelle gefunden und seinen Verwandten geschrieben, sie sollen ihm Geld schicken, viel Geld, damit er das Thermalwasser zu einem Geschäft machen kann. Das hat nicht funktioniert. Später hat er dann mit seinem Pendel immer die Leute belästigt, denn das wollte keiner. Und dann war er wohl einsam, weil keiner sich mit ihm abgeben wollte. Aber wie alt er geworden ist, weiß sie nicht, auch nichts genaues über die verschwundene Schwester.

Der Köck Heiner

Über das Verschwinden des Kindes wisse sie, daß die Hunde beim Bahnwärterhaus so angeschlagen hätten, aber man habe nicht hineingekonnt, und das war halt damals so, daß man dann nicht weiter gesucht habe. Und die Suche sei dann ergebnislos gewesen.

Suchhunde

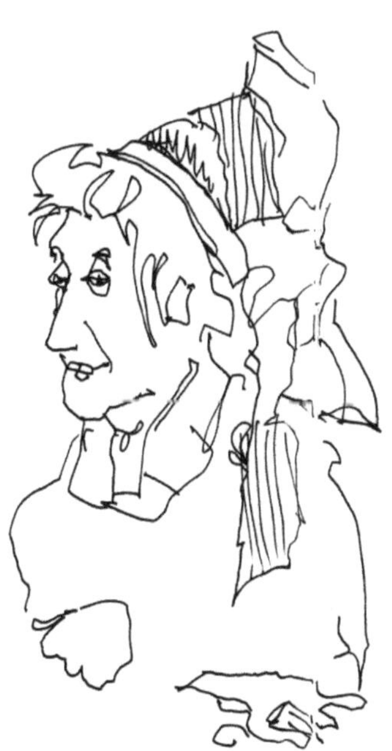

Da waren wir also mit einem spannenden Zwischenergebnis:
Beim Rekapitulieren konnten wir das Ereignis also grob auf die Zeit zwischen 1890 und 1920 eingrenzen. Und immer noch nicht wußten wir Zeit, Ort, Personen und was eigentlich passiert ist.

Dann die Idee: Wenn ein Kind wegkommt und nicht mehr zur Schule kommt, muß sie der Schuldirektor doch aus der Liste streichen, und dabei in der Schulchronik vielleicht eindeutige Hinweise geben.
Immerhin wissen wir den Familiennamen Köck, daß sie vielleicht Barbara geheißen hat und zwischen 1890 und 1920 verschwunden ist.

In die Schulchronik zu schauen, habe ich schon vor 20 Jahren geübt, nur:
Wen ruft man in den Sommerferien an? Wer ist eigentlich Schuldirektorin?
Der Madl Hannes wußte Rat, und so konnte ich nach wenigen Tagen, über der Schulchronik und der Schulmatrik brüten. Schon am Telefon hat mir die Direktorin Nicole Raimer-Hilbrand vorgelesen, daß es eine Schulchronik und eine Schulmatrik gibt. Die Chronik in einer Schrift wie ein Kupferstich, halt in Kurrent. Darum schwer zu lesen. Da müsste ich halt durchackern, ob ich etwas

Schulchronik

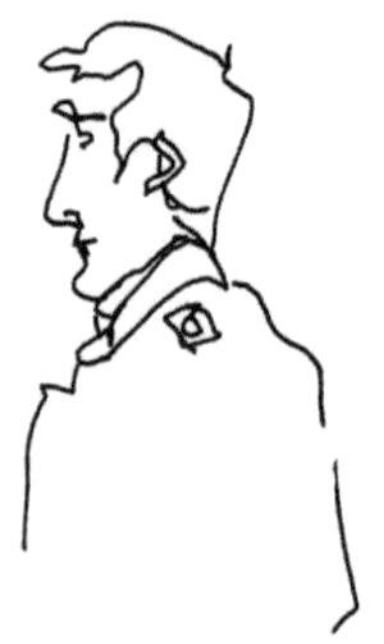

interessantes finde. Und dann ist da eine Matrik: das ist ein riesengroßer Band, wo für jedes Haus eine Doppelseite angelegt ist, und wo die Schüler und ihre Daten eingetragen werden.

Das gehe nach Hausnummern, sagt die Nicole am Telefon, beginnt bei Öblarn Nummer eins, dann zwei…. ich suche derweil gleichzeitig auf der Geoinformationsseite im Internet nach der Landkarte mit den Hausnummern, und finde schnell, daß der Einöder mit Nummer 79 in der Karte steht. Aber Öblarn 79 ist es nicht, die Matrik geht weiter mit Sonnberg, Walchen, Edling, Schattenberg, und die Hausnummern gehen völlig durcheinander, sagt die Nicole am Telefon.

Schulchronik und Schulmatrik

Da ich mich mit den beiden Katastralgemeinden KG Öblarn und KG Sonnberg schon einmal beschäftigt habe, kann ich am Telefon anleiten, daß zunächst die

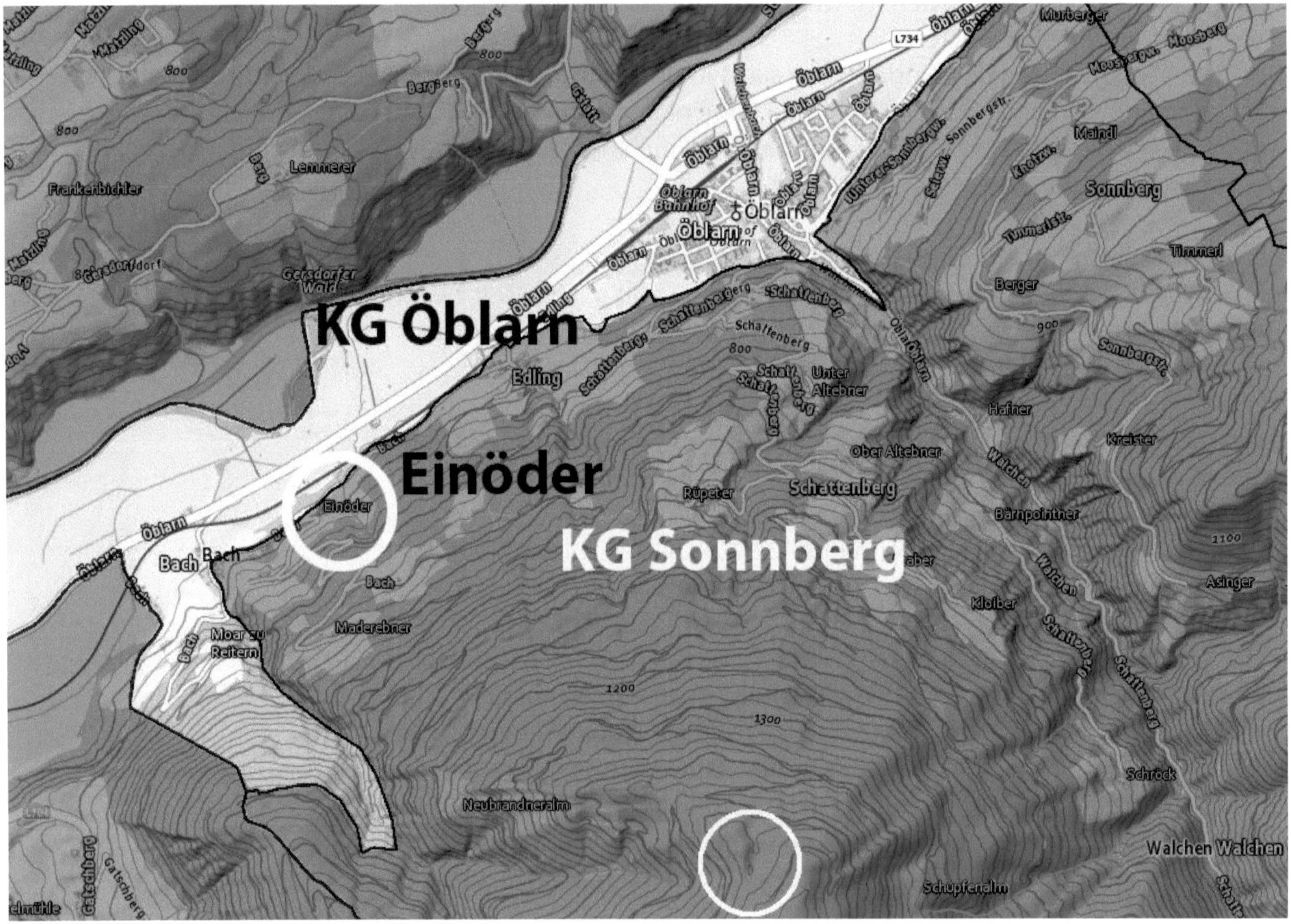

Nummern in Öblarn von 1 bis irgendwohin gehen, und dann die Nummern der KG Sonnberg. Verwirrenderweise umfaßt die durchnummerierte Katastralgeeinde Sonnberg die Teile Sonnberg, Walchen, Schattenberg, Edling und den unteren Teil von Bach. Hingegen ist der obere Teil von Bach sogar der Teil, wo um das Jahr 1820 herum die Hausnummern Öblarn 1, 2, 3, 4, etc beginnen. Und in Öblarn-Ort fangen die Nummern mit 7 an und dann arbeitet sich das Hausnummernsystem zeilenweise durch den damaligen Ort. Dann mit den höheren Nummern geht wieder alles durcheinander. Jedenfalls schaffen wir es mit Telefonbegleitung, in der Schulmatrik die Seite für Schattenberg 78 und 79, Söllhaus und Einöder, zu finden.

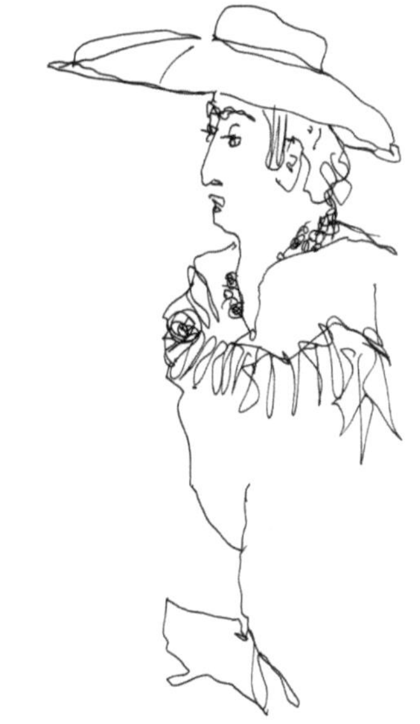

Als ich dann am 25. Juli 2024 selber darin blättere, kommen viele Zusammenhänge ans Licht: Der letzte Schüler aus dem Haus war der Wörgötter Toni. und einige Zeilen über ihm: Heinrich Köck, geboren am 27. Oktober 1908, eingeschult 16. Oktober 1915.
Von einem zweiten Köck Kind beim Einöder keine Spur.

Was war los? Waren die Gerüchte substanzlos?
Gab es gar kein verschwundenes Kind?

keine Spur

Oft trägt aber auch die Leerstelle eine Information:
Wenn es kein zweites Köck-Kind in der Schulmatrik gibt, dann war es noch nicht beim Schuleinschreiben. Wer noch nicht in der Schule eingeschrieben ist, ist folglich noch nicht schulpflichtig: Ein knapp 6-jähriges Kind entspricht der Rolle der Waberl im Festspiel, und ein knapp 6-jähriges Kind entspricht auch der Geschichte, wonach das verschwundene Kind alleine zum Krämergeschäft gegangen sei. Groß genug zum Einkaufen gehen, noch zu klein für die Schule.

Nicht oder doch gefunden?

Also hatte ich im Nichtfinden die Waberl doch gefunden!

Sie mußte also die jüngere Schwester von dem Heinrich Köck sein.
Wenn er im Oktober 1908 geboren ist, liegt ihr Geburtsdatum wohl zwischen 1909 und 1918, und davon abgeleitet muss sich
das Datum ihres Verschwindens zwischen 1914 und 1924 bewegen.
Somit steckt wertvolle Information in den alten Listen.
Im Übrigen liest es sich höchst interessant, die Häuser und ihre Schüler

286

Ortschaft: Schattenberg

Haus-Nummer: 78 u. 79.

Entfernung des Hauses vom Schulorte in km: 2

Die Realität wird bewohnt: ja

Zeitweilig bewohnt: –

Nicht bewohnt: –

Laufende Zahl	Vor- und Zuname des schulpflichtigen Kindes	Der Geburt: Tag, Monat und Jahr	Der Geburt: Ort und Land	Religion	Nationalität	Zuständig nach	Impfzustand: geimpft	Impfzustand: nicht geimpft	Wohnt bei	Name, Stand und Wohnort a) des Vaters, event. b) der Mutter c) des verantwortlichen Pflegers	Name, Stand und Wohnort des Vormundes	Ist schulfähig: ja	Ist schulfähig: nein	Erster Schuleintritt
1	2	3	4	5	6	7	8	8	9	10	11	12	12	13
1	Thurner Georg	18. Juli 1899	[illegible]	R.	d.	[illegible]	/			a. Rupert Th. [illegible]		/		18. 4. 06
2	Thurner Maria	25. Nov. 1900	"	"	"	"	/			"		/		16. 10. 07
3	Grill Maria	~~15. Nov.~~ 1. Mai ~~1905~~ 1898	Irdning	"	"					a. [illegible] [illegible] Bauer		/		15. 5. 05
4	Heinrich Köck	27. 10. 1908	Oblarn	"	"	Pürgg		/		Heinrich u. Maria K. Bauer		/		16. 10. 15
5	Maria Grill	1. 7. 1920	St. Martin	"	"	[illegible]	/		Maria Köck,	Maria Grill Magd		/		1. 10. 26
6	Johann Pollinger	25. 12. 1922	[illegible]	"	"	[illegible]		/		a.) Jos. [illegible] Landarbeiter b.) Aloisia [illegible]		/		17. 9. 28
7	~~Anton Rupert Wörgötter~~	20. 9. 1952	Ramsau Stadt.	r. k.	Ö.	Öblarn	/		Eltern	a.) Ulrich Wörgötter, Landwirt in Öblarn, Schattenberg 78 b.) Theresia W.	"	/		14. 9. 59

Schulmatrik

aufgelistet zu finden. Hier verweben sich Vergangenheit und Gegenwart, Geschichten werden zu Geschichte: Allein die Namen zu den Häusern eröffnen viele Erzählungen: Die Kontinuität des Ortes liest sich aus der Schulmatrik: Leute, die ich als alte Menschen kennengelernt habe, sind hier im Moment ihrer Schuleinschreibung als noch kleine Kinder aufgeschrieben. Generationen folgen auf Generationen. Freche Buben werden zu gestandenen Männern, de-

287

Schreibname des Besitzers: Neuper **Steuergemeinde:** Sonnberg

Vulgarname: Einöder u. Söllhaus 78 79 **Ortsgemeinde:** Oeblarn.

Besucht die hiesige a) Volks- b) Bürgerschule (14)	In diese Schule eingetreten: Klasse (15)	wann	von welcher Schule	Besucht eine andere öffentl. a) Volks- b) Bürgerschule (16)	eine Privat- a) Volks- b) Bürgerschule mit Öffentlichkeitsrecht (17)	ohne Öffentlichkeitsrecht (18)	eine höhere Schule (19)	Genießt eine Schulbesuchserleichterung, welche? (20)	Wird zu Hause unterrichtet (21)	Erhält keinen Unterricht wegen eines geistigen oder körperlichen Gebrechens: taubstumm (22)	blind (23)	schwachsinnig (24)	krüppelhaft (25)	a) wegen Renitenz b) aus anderen Gründen (26)	Wegfall: Tod (27)	Übersiedlung (28)	Datum des Abgangs-Zeugnisses (29)	Datum des Entlassungs-Zeugnisses (30)	Gelöscht nach § 29 der Schul- u.-O. (31)
X .																/			
. Y																/			
X	1.	3. 2. 08	Irdning															3. 3. 13	
X																		/	
/	3.	15./1. 33	Kreis Nied... Gröbming													###	/	14/7. 34	
7																/ /			
a)				b)	seit 10.9.63 Hauptschule Gröbming														/

ren Kinder und Enkerln im gleichen Buch aufgeschrieben sind:
Das Rad des Lebens dreht sich durch die Zeit.
Um es mit Hubert von Goisern zu sagen: „und die jungen san alt wordn und die altn san gstorbn" Ich bin von dem Kosmos der Schulmatrik ganz hingerissen.

„und die jungen san alt wordn und die altn san gstorbn"

Die Schulchronik selbst ist erst einmal nur für Geübte wegen der Kurrentschrift

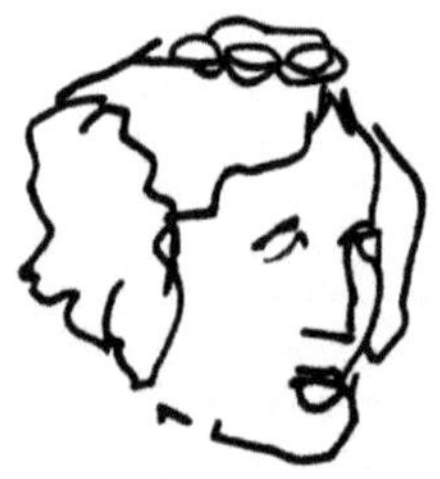

gut zu lesen. In meiner eigenen Volksschulzeit in Hieflau habe ich im Fach „Schönschreiben" die Kurrentschrift gelernt. Das war damals in den 1970er Jahren ein netter Retro-Spaß, mit einer „alten Schrift" „alte Texte" zu schreiben. Aber immerhin kann ich die Schrift lesen, wenn sie halbwegs die Standardbuchstaben nutzt. Das tun die individuellen Handschriften der Schreiber leider nicht immer: Eine kurrente Eigenschrift bleibt mir verschlossen.
So habe ich mich durchbuchstabiert durch die Schulchronik der Jahre 1890 bis 1920 im Gefühl, eine Fremdsprache zu lesen und in völliger Unsicherheit über die Bedeutung der Wörter zu schweben. Die Chronik scheint sehr auf Verwaltungsthemen konzentriert, dazu Schulereignisse. Daß Themen einer Ortschronik - also was im Ort Auffälliges passiert - einfließen würden, habe ich kaum je gefunden.

Aber aus der Schulmatrik war ein gutes Zwischenergebnis abzuleiten:
Ein Geburtsdatum nach 1908, ein Familienname Köck,
eine Adresse Schattenberg 79. Das ist schon etwas.

Post-Nr.	Jahr 19[illegible] Monat und Tag der Geburt	der Taufe	Ort	Haus-Nr.	Namen des Kindes	Geschlecht des lebendig- geborenen Kindes: ehelich männlich	ehelich weiblich	unehelich männlich	unehelich weiblich	Geschlecht des tot- geborenen Kindes: ehelich männlich	ehelich weiblich	unehelich männlich	unehelich weiblich	Der Religion: katholisch	protestantisch	griechisch	jüdisch
6	Jänner 29 [illegible] zwanzig neun	29.	[illegible]	79	† Maria Am 7 Aug. 916 ermordet worden!	.	1	.	.	.	.	.	.	1	.	.	

Jetzt gilt es noch, das Geburtenregister zu finden.
Und wieder kommt mir der Madl Hannes mit einem Praxistip zu Hilfe:
Bis 1938 war das Taufbuch zugleich das Geburtenbuch, ab 1938 gab es getrennte Bücher am Standesamt und in der Kirche.
Und das Original des Öblarner Taufbuches müsse wohl in Gröbming sein, aber ich solle doch versuchen, ob ich es online finde.

Gesagt, getan.
Tatsächlich sind sehr gute Scans der Taufbücher im Internet ganz leicht zu finden. Suchwort Matrik online Öblarn.
Und schon nach wenigen Seiten zeigt sich auf der Seite 12 ganz oben eine Maria, zugehörig der Adresse Edling 79, Tochter der Maria Köck, geborene Hutter, und des Heinrich Köck, Bauer vu(lgo) Einöder. Also ist das Kind Maria Köck, geboren am 29. Jänner 1910 um vier Uhr in der Früh, zwanzig neun steht noch zur Verdeutlichung der Datumsangabe, getauft am 29. Jänner 1910, weiblich, ehelich, katholisch, Pate Heinrich Weissenegger, Besitzer des Pausengutes am Mitterberg. (Hier kommt die Verwandtschaft mit der Vroni ins Spiel)

Taufbuch

Eltern		Der Paten	Täufer	Hebamme
Namen und Stand		Namen und Stand		
Vater	Mutter			
Köck Heinrich, Bauer vu Einöder	Maria geb. Hutter	Heinrich Weissenegger, Besitzer des Pausengutes in Mitterberg	[illegible]	[illegible]

So weit, so erfolgreich. Ich war fast stolz, daß ich die Vorlage zur literarischen Figur der Einöd-Waberl gefunden hatte: Maria war also ihr Name.
Doch dann, als ich die Kurrentschrift unter ihrem Namen entziffert habe, kommt der Schock:
En Kreuz über ihrem Namen und darunter in hellerer Tinte die Schrift:

Am 7. Aug. 916 ermordet worden !

„Am 7. Aug. 916 ermordet worden !"

Das war nun die Gewissheit, daß alle Gerüchte stimmen, das von den Schuhen und den Zöpfen, von den Suchhunden, von dem Bahnwärterhaus, den Knochen, vom Mörder..

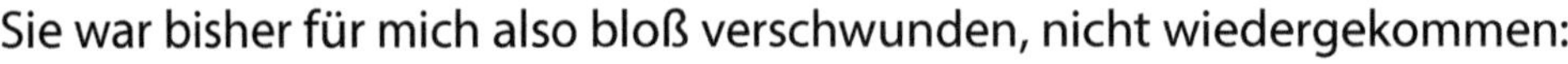

Sie war bisher für mich also bloß verschwunden, nicht wiedergekommen:
Aber in dieser Deutlichkeit: „ermordet worden !":
Das schockiert zutiefst und wirft sofort neue Fragen herauf:
Wer ist der Mörder?
Was ist geschehen?
Wie weiter suchen?

Zum Glück ist Festspielsaison und die Leute sind in Bewegung. Da kommt mir die Hirz Gabi unter und ihr Mann. Wo man denn in Polizeiprotokolle Einsicht nehmen könne, frage ich die beiden.
Sie frage noch ihren Goden Buam, und bald darauf bekomme ich die Adresse einer Polizeistelle in Graz zugeschickt.

Am Landespolizeikommando Graz haben sie allerdings kein altes Archiv, sondern ich bekomme den Tip, mich an das Landesarchiv Graz am Karmeliterplatz zu wenden.

Landesarchiv

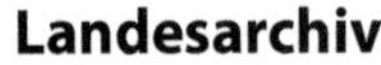

Auf meine Anfrage am Montag den 29. Juli 2024 bekomme ich am Folgetag ein Mail zugeschickt:
Eine Hammer-Information aus dem Archiv!
Zunächst überfliege ich die kurrent geschriebenen Texte und merke, daß ich kaum die Hälfte verstehe. Zum Glück weiß ich Rat und sende die Scans an den Strommer Alfred, der als Hobby-Genealoge auf das Nachforschen in alten Kirchenbüchern spezialisiert ist. Der kann Kurrent gut lesen: Und binnen

Datum 1917.	Kurze Entstehungsgeschichte der Postenstation und des Postens selbst. Beschreibung des Postenrayons, wichtige Begebenheiten seit der Errichtung des Postens
2. 6.	Am 7. August 1916 ist das 6jährige Mädl Maria Köck, Tochter der Maria Köck, insgemein Einöder in Bach, beim Nachhausegehen von der Bezirks-straße, in der Nähe des sogenannten Stürkenstadel, spurlos verschwunden. Die Absuchung des Terrains

einer halben Stunde kriege ich ein Mail retour und nun lese ich sodann fassungslos den Text in Reinschrift.

Das Verbrechen

Erstmals offenbart sich hier der Hergang eines argen Verbrechens, niedergeschrieben in der verklausulierten Amtssprache am Tage des Fundes der Leiche der Maria Köck am 2. Juni 1917, fast 1 Jahr nach ihrem Verschwinden.

Hier die wörtliche Wiedergabe des Eintrags vom 2. Juni 1917:

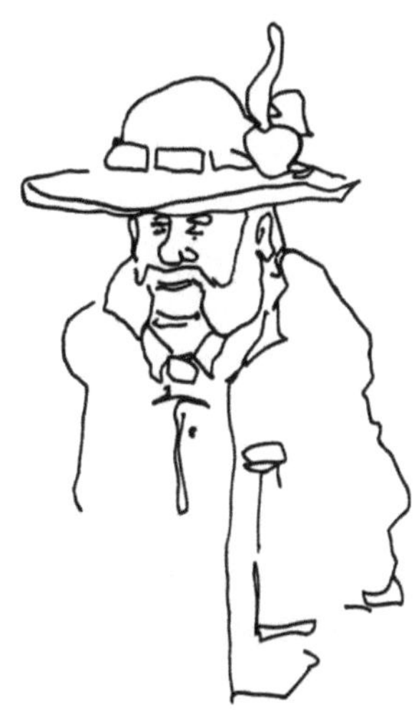

„Am 7. August 1916 ist das 6 jährige Mädl Maria Köck, Tochter der Maria Köck, insgemein Einöder in Bach, beim Nachhausegehen von der Bezirksstraße in der Nähe des sogenannten Stürkenstadel spurlos verschwunden. Die Absuchung des Terrains von Gendarmen, Militär und Zivilbevölkerung blieb damals erfolglos. Die Erhebungen ergaben, daß die kleine Köck vom 32 Jahre alten Tischlergehilfen Karl Theodor Eyben aus Hof in Bayern, der auch einen anderen Lustmord am Gewissen hatte, ermordet wurde, und zwar deshalb, weil Eyben in der Nähe des Verschwindungsplatzes zur kritischen Zeit gesehen wurde und er am nächsten Tag sich über Walchen, Englitztal, Fleiss gegen St. Nikolai zumeist ohne Weg, durch dick und dünn eiligst entfernte. Eyben wurde am 25. 4. l. J. (= laufenden Jahres, =1917) vom Ausnahmsgerichte in Steyr wegen Ermordung der Glasermeisterstochter Anna Schmidhuber

aus Garsten zum Tode durch den Strang verurteilt. Von der Anklage des Mordes an der Maria Köck aber freigesprochen und zwar darum, weil das Objekt der strafbaren Handlung noch immer fehlte. Am 2.6.1917 wurde nun an einem Waldrande zwischen Hochneubrand und Schupfenalpe, 2 Stunden von Öblarn entfernt Leichenreste und die Kleider der verschollenen Köck gefunden. An der Fundstelle befand sich auch ein Stock und ein kleiner schmaler Riemen, vorne mit einem Schlitz, woraus zu schließen war, daß Eyben, nach seiner bekannten Mordart, die Köck erwürgte.
Die Eruierung des Eyben erfolgte seitens des hiesigen Postens auf Grund einer Zeitungsnotiz der Grazer Tagespost"

Zwischen Hochneubrand und Schupfen

Mit diesem Eintrag in das Gendarmerieprotokoll
zeigt das Verbrechen seine grausige Fratze.
Zutiefst getroffen verharre ich bei den geschilderten Vorgängen.

Karl Theodor Eyben

Der Karl Theodor Eyben aus Bayern, ein streunender Ausländer
als Berufsverbrecher.
Was heißt „nach seiner bekannten Mordart" ? Wo ist der Stürkenstadel?
Wo genau am Berg zwischen Hochneubrand und Schupfenalpe? Neubrandalm?
Am Jaueregg? Und die Spitzfindigkeit damit, daß er nicht für den Mord an
Maria Köck verurteilt worden sei, weil noch keine Leiche da war?

Der Wörgötter Toni weiß mehr:
Als ich ein Kind war, sagt er, *hat mich ein Bekannter auf den Berg mitgenommen. Als wir von der Neubrandalpe weitergegangen sind, waren im Wald eine erste und eine zweite Wiese und dann ein Tannenwald. Wegen Weihnachten haben wir uns für Tannen interessiert. Und zwischen zweiter Wiese und Tannen hat er auf eine Stelle gezeigt und gemeint: Dort war die Stelle, wo die Leiche war. Ich habe mich als Kind nicht so dafür interessiert. Die Wiesen sind sicher zugewachsen. Aber die Stelle werde ich noch finden, man muß halt ein bißl mit Landkarte vorbereiten und die Wiesen identifizieren.*

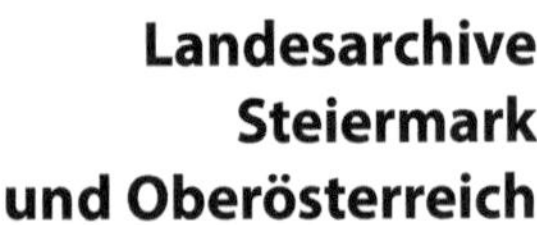

Landesarchive Steiermark und Oberösterreich

Im Mail des Landesarchives Steiermark ist im Beibrief noch weiters erwähnt daß die Prozessakten wohl im Oberösterreichischen Landesarchiv zu finden sein würden, denn der Prozess war in Steyr.

Unverzüglich schreibe ich also an das Landesarchiv in Linz und bringe mein

Anliegen vor. Schon am nächsten Tag, Mittwoch den 31. Juli 2024 bekomme ich einen Anruf aus Linz, und Herr Scharf vom Archiv erklärt mir, daß er einen Akt im Archiv habe und zwar die Anklageschrift der Staataanwaltschaft mit der Aktenzahl ST 454 / 1916. Allerdings müsse ich die Zustimmung der Staatsanwaltschaft einholen, weil das Thema Datenschutz in der derzeitigen Auslegung dies erfordere. Falls mein Antrag auf Einsichtsgenehmigung abgelehnt würde, dann solle ich nach Jahreswechsel erneut an das Landesarchiv herantreten, denn mit Jahreswechsel laufe diese Restriktion aus. Weitere Akten aus dem Prozeßverlauf existieren leider nicht, und zwar deshalb, weil die Archive in den Kellern in Steyr immer wieder überflutet worden seien. Aber es besteht die Chance, daß im Staatsarchiv in Wien die Prozeßakten liegen, weil der Karl Theodor Eyben ja zum Tod verurteilt worden sei. Hinrichtungen seien eine Sache der Wiener Zentralregierung gewesen.

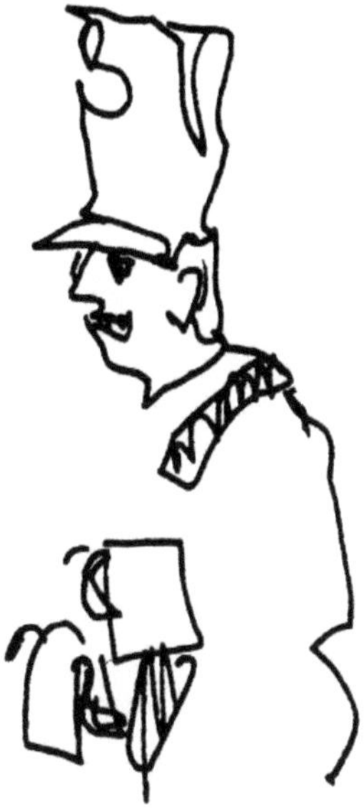

Damit gibt es neue Spuren: Anklageschrift im Landesarchiv Linz und Akten im Staatsarchiv in Wien.

Im der Nacht zum Sonntag den 3. August 2024 macht der Moosbrugger Gabriel noch eine weitere Recherche: Er gibt den Name Eyben ins Google ein und findet einen Zeitungsartikel aus den Jahren 1916/17, der an Grauslichkeit schwer zu unterbieten ist:

Zeitungsartikel

„1916, September, 10. Der Eisenbahnbedienstete Wenzel Schmid sah beim Schwämmesuchen im Kirchholz bei Garsten an diesem Tage um ca 4 Uhr nachmittags die 15jährige Glasermeisterstochter A. Schmidhuber aus Garsten, wie es zwei Burschen gewaltsam führten. Das Mädchen rief Schmid an, er möge ihm helfen, doch der Mann fürchtete sich und ging seine Wege, so daß das beklagenswerte Kind in der Gewalt der beiden Unholde blieb. Die beiden haben das Mädchen die ganze Nacht herzlos gepeinigt, oftmals vergewaltigt und schließlich am Morgen durch Herzstiche und Strangulierung getötet. Die Leiche zeigte Spuren rohester und scheußlichster Unzucht. Die Täter sind der 17jährige Tischlerlehrling Johann Kinder und der 30jährige Tischlergehilfe Karl Theodor Eyben."

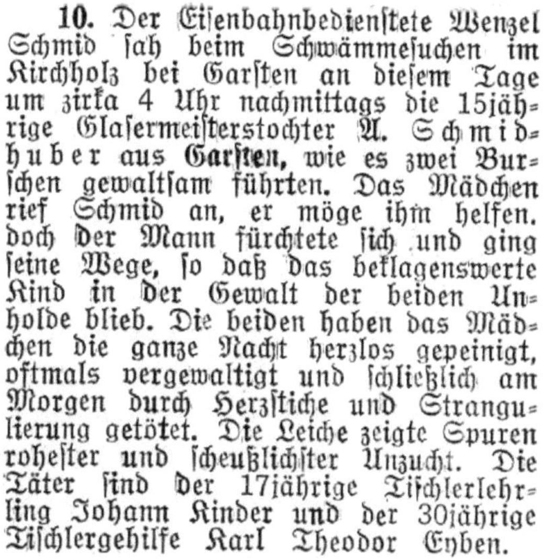

10. Der Eisenbahnbedienstete Wenzel Schmid sah beim Schwämmesuchen im Kirchholz bei Garsten an diesem Tage um zirka 4 Uhr nachmittags die 15jährige Glasermeisterstochter A. Schmidhuber aus **Garsten,** wie es zwei Burschen gewaltsam führten. Das Mädchen rief Schmid an, er möge ihm helfen, doch der Mann fürchtete sich und ging seine Wege, so daß das beklagenswerte Kind in der Gewalt der beiden Unholde blieb. Die beiden haben das Mädchen die ganze Nacht herzlos gepeinigt, oftmals vergewaltigt und schließlich am Morgen durch Herzstiche und Strangulierung getötet. Die Leiche zeigte Spuren rohester und scheußlichster Unzucht. Die Täter sind der 17jährige Tischlerlehrling Johann Kinder und der 30jährige Tischlergehilfe Karl Theodor Eyben.

Die Notiz ist aus dem Jahrbuch „Steyrer Geschäfts und Unterhaltungskalender 1918“ und war als Jahrbuch-Kalender natürlich rückblickend geschrieben, als der Gerichtsprozeß schon vorbei war und die Puzzlesteine der Informationssplitter schon gut erkennbar und zusammensetzbar waren.

Die Anklageschrift

Am 8. August 2024 erhalte ich nach Erlaubnis der Staatsanwaltschaft das Schreiben der Staatsanwaltschaft aus dem Jahr 1817: 14 gescannte Seiten in Maschinenschrift. In vielen Details sind Zeugen und Namen und zeitlicher Ablauf des Verschwindens und der Begegnungen des Karl Theodor Eyben mit Einwohnern berichtet.

St 454 /16

A N K L A G E S C H R I F T .

Die k.k. Staatsanwaltschaft Steyr erhebt gegen

1.) Karl Theodor E Y B E N , geboren am 24. Dezember 1885 in Hof Bayern, zuständig nach Komotau Böhmen, evangelisch, ledig, Tischlergehilfe, zuletzt in Steyr, vorbestraft,

2.) Johann K I N D E R , geboren am 30. November 1899 in Hainfeld N.O. zuständig nach Neudorf, Bezirk Ungarisch-Hradisch, Mähren, katholisch, ledig, Tischlerlehrling, zuletzt in Steyr, unbescholten,

die A N K L A G E :

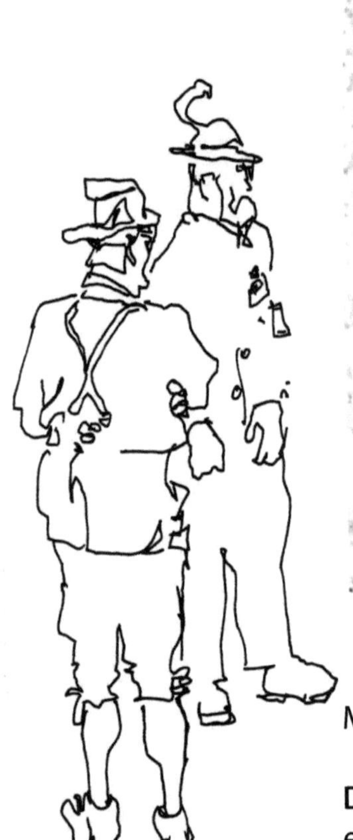

Meine schockierte **Zusammenfassung** der Anklageschrift:

Die schlechte Nachricht: Ein durchreisender Berufsverbrecher und entsprungener Häftling.
Dann war das Kind zur falschen Zeit am falschen Ort und das war sein Pech.
Die gute Nachricht: Eigentlich elegant und beruhigend: keine Familie aus dem Ort ist mit Schuld beladen, denn das war eine heimliche Sorge bei dieser Suche.

Und hier **Details** aus der Schrift in wörtlicher Wiedergabe:
Und zu bedenken ist immer: Der Prozeß war in Steyr, BEVOR die Leichenreste der Maria Köck am Schattenberg am 2. Juni 1917 gefunden wurden.

Der wörtliche Text

„St 454/16 Anklageschrift.
Die k.k. Staatsanwaltschaft Steyr erhebt gegen
1.) Karl Theodor EYBEN, geboren am 24. Dezember 1985 in Hof Bayern, zuständig nach Komotau Böhmen, evangelisch, ledig, Tischlergehilfe, zuletzt in Steyr, vorbestraft,
2.) Johann KINDER, geboren am 30. November 1899 in Hainfeld NO zuständig nach Neudorf, Bezirk Ungarisch-Hradisch, Mähren, katholisch, ledig, Tischlerlehrling, zuletzt in Steyr, unbescholten,

die ANKLAGE

I.) Karl Theoder Lyben und Johann Kinder haben
a) am 11. September 1916 in Hochhub, Ortschaft Hagen, Gemeinde Aschach an der Steyr, gegen Anna Schmidhuber in der Absicht, sie zu töten, durch Messerstiche und Würgen auf eine solche Art gehandelt, daß daraus der Tod der Anna Schmidhuher erfolgte, es haben beide unmittelbar bei der Vollziehung des Mordes selbst Hand angelegt und auf eine tätige Weise mitgewirkt,
b) am 10. September 1916 im Gemeindegebiete von Garsten
1) das vorgenannte Mädchen Anna Schmidhuber in einer auf Unzucht gerichteten Absicht wider ihren Willen und als Kind ihren Eltern mit Gewalt entführt,
2) in Gesellschaft als Raubgenossen derselben Anna Schmidhuber mit Drohung und gewalttätiger Handanlegung Gewalt angetan um sich einer fremden beweglichen Sache nämlich ihres Bargeldes im Betrage von mindestens 2 K zu bemächtigen, es sei der unternommene Raub auch vollbracht und die Beraubte durch anhaltende Mißhandlung und gefährliche Bedrohung in einen qualvollen Zustand versetzt worden,
c) am 12. September 1916 in Guntendorf, Gemeinde Pettenbach in Gesellschaft als Diebsgenossen um ihres Vorteileswillen, und zwar Karl Theoden Eyben nach mehrmaliger

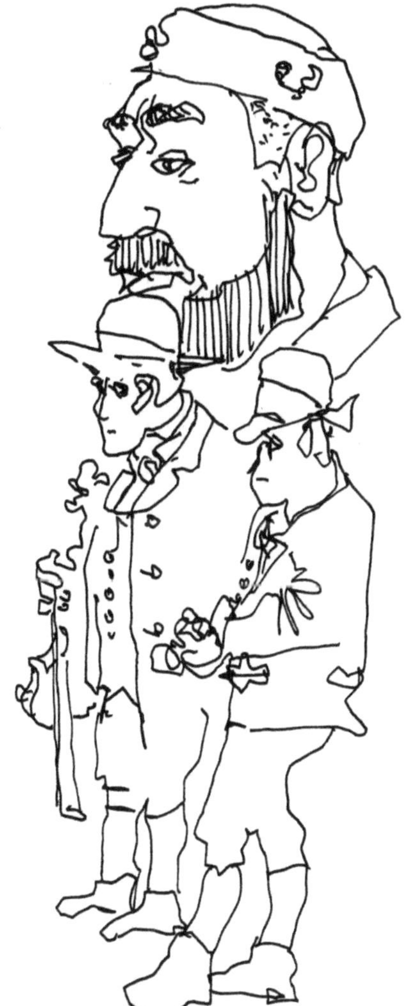

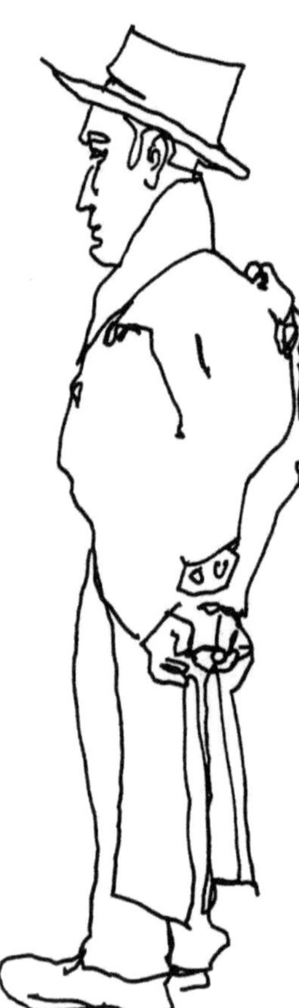

Vorbestrafung wegen Diebstahles, eine fremde bewegliche Sache nämlich einen Hund im Werte von 60 K aus den Besitze des Franz Pischereder ohne dessen Einwilligung entzogen.
II.) Karl Theoder Eyben habe.
a) am 7. August 1916 im Gemeindegebiete
von Oeblarn gegen Maria Köck in der Absicht sie zu töten, auf eine solche Art gehandelt, daß daraus deren Tod erfolgte,
b) am 7. August 1916 im Gemeindegebiete
Oeblarn die vorgenannte, am 29. Jänner 1910 geborene Maria Köck, am 26. Jänner 1916 im Gemeindegebiete von Lengenfelden in Baiern die am 26. Juni 1902 geborene Rosa Kolb, somit Mädchen, die noch nicht das 14. Lebensjahr zurückgelegt hatten,
1) in einer auf Unzucht gerichteten
Absicht wider ihren Willen und als Kinder ihren Eltern mit Gewalt entführt,
2) durch gefährliche Bedrohung und
wirklich ausgeübte Gewalttätigkeit außer Stand gesetzt, ihm Widerstand zu tun, und sie in diesem Zustande, und zwar Rosa Kolb zweimal zu außerehelichem Beischlaf mißbraucht,
c) am 10. September 1916 im
Gemeindegebiete von Garsten auch die I) a) genannte Anna Schmidhuber durch gefährliche Bedrohung und wirklich ausgeübte Gewalttätigkeit außer stand gesetzt, ihm Widerstand zu tun, und sie in diesem Zustande zweimal zu außerehelichen Beischlafe mißbraucht,
d) in der Nacht vom 7. März 1916 in Weiden, Baiern, ...“

Völlig gebannt von den Schrecklichkeiten springe ich nun zur Passage der aufgezählten Zeugen im Prozeß:

Vorgeladene Zeugen

„4.) Vorladung folgender Zeugen:
Wenzel Schmid Blz. 85,
Resa Thanner Blz. 138,
Zäzilia Forstner Blz. 178,
Franziske Kofler Blz. 241,
Anton Reja Blz. 186,

Josef Schmied Blz.188
Maria Werzer Blz. 191,
Ludwig Lendorfer Blz. 199,
Julie Schwab Blz.201,
Anna Stangl Blz. 228,
Konstantine Steiner Blz. 229,
Josef Forstner Blz 179,
Serafine Ischa Bl. Z. 183,
Marie Koglhuber Bl. Z.181."

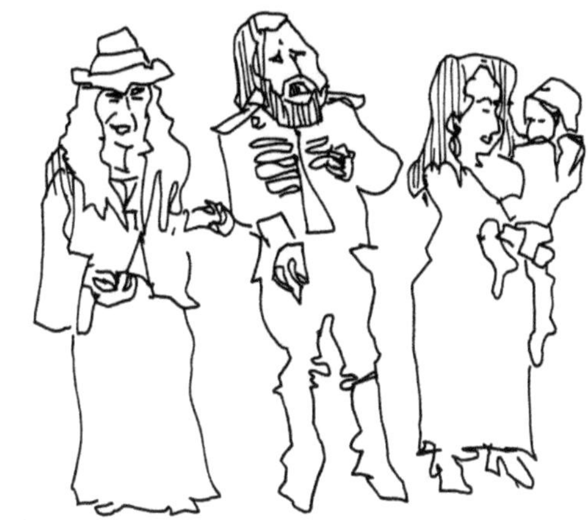

Den Namen Wenzel Schmid kenne ich aus der Zeitungsnotiz, aber da scheinen auch Öblarner Namen dabei gewesen zu sein, die 1917 als Zeugen in Steyr waren.
Ich blättere nach vorne, um die Ereignisse in Öblarn beschrieben zu finden:
Der Text geht hier um Karl Theodor Eyben:

Die Ereignisse in Öblarn

„... Neuerlich eingebracht entsprang er am 6. April 1916 wieder aus dem Landgerichtsgefängnisse und trieb sich seither in Baiern, Böhmen und Oberösterreich herum, bis er im Juni 1916 in der Nähe von Steyr kam. Da nahm er beim Grundbesitzer Zaglauer in Holz bei Behamberg als Taglöhner Arbeit, verlieb diese aber wieder nach Mitte Juli 1916 und kam zur Bäuerin Josefa Zehetner in Steinbach an der Steyr, wo er aber nur eine Woche blieb, jedenfalls aber anfangs August 1916 nicht mehr war, weil damals Josefa Zehetner schwer erkrankte und sich genau erinnern kann, daß zur Zeit des Ausbruches der Krankheit Eyben nicht mehr bei ihr war. Wo sich Eyben von den ersten Tagen des Monates August bis 14. August 1916 aufhielt oder vielmehr herumtrieb, ist also nicht bekannt.

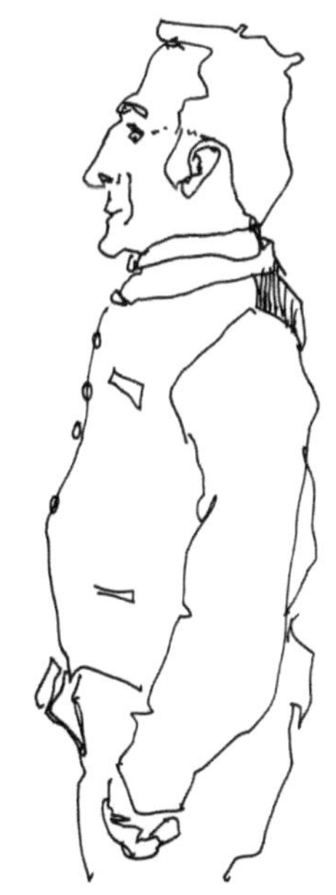

Zucker

Wo er aber am 7. und 8. August 1916 war, ist bekannt. Am 7. August nachmittage etwa nach 4 Uhr wurde die am 29. Jänner 1910 geborene Maria Köck von ihrer Mutter, der Bäuerin Maria Köck in Einöder, von dort nach dem etwa 2 Kilometer entfernten Orte Oeblarn geschickt, um 3 Kilogramm Zucker zu kaufen.

Beim Waidhofer

Tatsächlich kam das Kind auch etwas nach 5 Uhr ins Geschäft des Kaufmannes Waidhofer in Oeblarn, erhielt dort von der Verkäuferin Serafine Ischa den verlangten Zucker und begab sich wieder auf den Heimweg. Nicht nur in Oeblarn, sondern auch auf dem Heimwege war das Mädchen noch von verschiedenen Leuten gesehen worden. Ein Verkennen ist umsomehr ausgeschlossen, als das Kind nicht nur den meisten dieser Leute persönlich bekannt war, sondern auch durch die schwarze Einkauftasche, die es trug, und vor allem durch sein rotes Kleidchen besonders auffallen mußte. Zuletzt wurde das Mädchen in der Nähe des sogenannten Stürkenstadels nach 6 Uhr von Zäzilia Forster gesehen, also schon nicht mehr sehr weit entfernt von der elterlichen Wohnung. Unweit dieses Stadels und des benachbarten Standpunktes des Mädchens, doch etwas in der Richtung gegen Oeblarn zu steht ein Zaun, und wieder in nächster Nähe dieses Zaunes führt ein Weg in den dort bis an die Straße herantretenden Wald. Ein Haus findet sich nicht in der Nähe. Die Stelle ist also für einen Ueberfall wie geschaffen, denn sie gestattet rasches Verschwinden auf gebahntem Wege unmittelbar in den deckenden Wald und macht zugleich Beobachtung der Strasse möglich.

Schwarze Einkaufstasche, rotes Kleidchen

Der Überfall

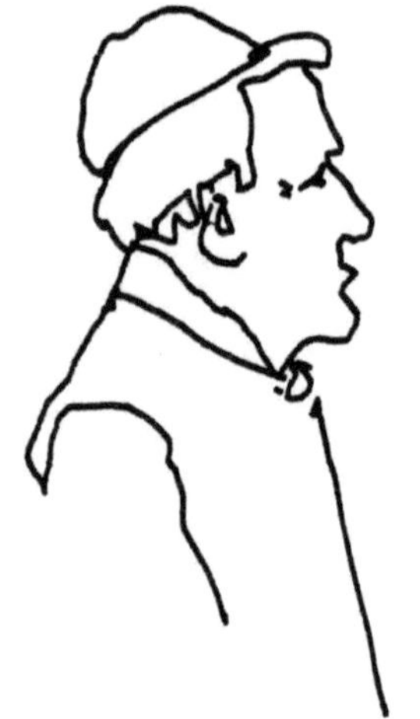

Dort stand am 7. August um, etwa 6 Uhr abends Karl Theodor Eyben.

Daß er es war, kann gar nicht bezweifelt werden. Zu gut trifft die Personsbeschreibung zu, die die Zeugen Josef und Magdalena Schmid und Katharina Gruber von dem finsteren Manne geben, der den Hut ins Gesicht gedrückt hatte und spähend umherblickte. Er war ja auch nicht nur von jenen drei Zeugen gesehen worden, sondern auch von einer ganzen Reihe anderer, die ihn mit Bestimmtheit schon an der Photographie erkannten. Er war um 5 Uhr vom Zeugen Anton Reja in Oeblarn bemerkt worden, dann von Maria Koglhuber, die ihn an seinem unstäten Blicke erkennen wird, am Vormittag des 7. August von Maria Werzer und anderen. Vom Zeugen Ludwig Lendorfer hatte er sich sogar in ein Gespräch verwickeln lassen und ihm erzählt, daß er Tischler sei und die hinfallende Krankheit habe. Eyben ist Tischler und leidet an Epilepsie. Da ihn

Tischler mit der hinfallenden Krankheit

Lendorfer nicht nur zutreffend beschreibt, sondern auch nach dem Bilde wiedererkennt, ist, ein Zweifel gänzlich ausgeschlossen. Unter diesen Umständen gewinnt auch die Aussage des Knaben Josef Forstner weittragende Bedeutung, der ihn ebenfalls am Spätnachmittage des 7. August auf einer Bank unweit Oeblarn sitzen sah. Um jene Zeit war auch Maria Köck dort vorbeigekommen, und nichts ist naheliegender als anzunehmen, daß Eyben ihr damals schon auflauerte, am Zugreifen aber durch irgend einen Zufall verhindert wurde und sich dann an jene vorbeschriebene Stelle begab, die für einen Ueberfall und das unbemerkte Wegbringen des Opfers so überaus geeignet ist. So wäre es auch zu erklären, daß Eyben den ihm unterkommenden Josef Forstner so wütend anblickte, daß der Knabe in voller Angst davonlief.

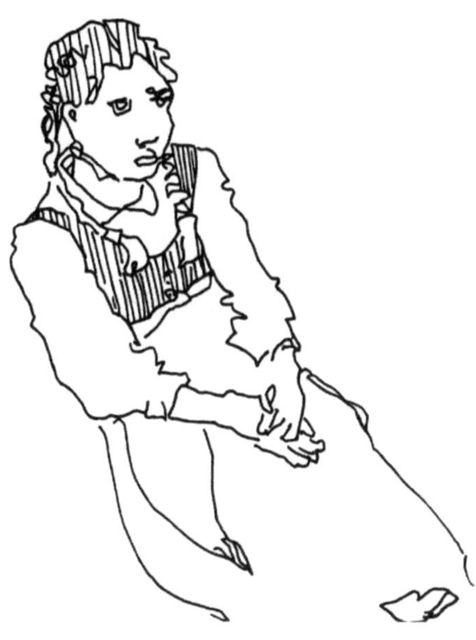

In voller Angst davon

Maria Köck aber war von jenem Augenblicke an,
wo sie in der Nähe des Stürkenstadels gesehen worden war,
spurlos verschwunden. Eltern und Bekannte und Gendarmenie
suchten die Gegend ab, aber vergeblich.
Nur ein Polizeihund, der übrigens viel zu spät gebracht worden war und auch sonst nicht sehr veranlagt zu sein schien, führte einmal auch von Oeblarn längst der Straße zum Stadel und auf jenen Waldweg hinauf, suchte dort herum, verlor aber dann die Spur.

Polizeihund

Den erhebenden Gendarmen fiel auch auf, daß sich von den Sachen, die Maria Köck mit sich trug, nichts vorfand. Sie meinten, ein Lustmörder hätte sich um das Zeug wohl nicht gekümmert, und deshalb sei es doch wohl wahrscheinlicher, daß sich das Kind verirrt habe.
Damals kannte man eben noch nicht Karl Theodor Eyben.
Man wußte noch nicht, daß seine Opfer die Gegenstände, die sie mit sich hatten, geraume Zeit mittragen mußten, damit nur ja keine Spur zurückbleibe, und man wußte noch nicht, daß es zu seinen Besonderheiten gehörte diese Gegenstände nach und nach einzeln verschwinden zu lassen, vorher wohl auch noch unkenntlich zu machen (Korb der Rosa Kolb). Man wußte auch noch nicht und konnte nicht wissen, wie geschickt Eyben im Falle Schmidhuber den Tatort gewählt, wie sorgfältig er die Leiche verborgen, wie durchtrieben er die Kleider von der Leiche trennte damit später diese nicht mehr erkannt

Die Leiche verborgen

werden könne, und wie schlau er wieder an anderem Orte die Kleider verborgen hatte, Gerade das also, was dem Gendarmen gegen einen Mord überhaupt zu sprechen schien, kann hier nur dahin gedeutet werden,

Der Täter *daß jemand anderer nicht in Frage kommt und nur Eyben als Täter angesehen werden kann.*

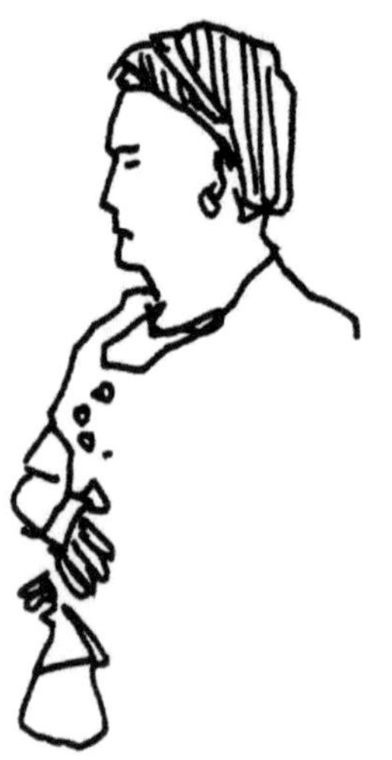

Denn unzweifelhaft hat niemand anderer als Karl Theoder Eyben Maria Köck entführt, so wie die anderen Mädchen entehrt und so wie Anna Schmidhuber ermordet. Nicht nur die schwerwiegenden Indizien, die schon bisher angeführt wurden, zwingen zu diesem Schluße. Er leugnet nämlich starr sogar ab, was ganz einwandfrei bewiesen ist, seine Anwesenheit am Tatorte zur Tatzeit. Das hat gar keinen Sinn, wenn es nicht als Ausdruck der Schuldbewußtseins gedeutet wird, das sich an jede Möglichkeit zu Leugnen klammert, weil es sonst keine Verteidigung hat. Aber noch mehr ist Eyben nachgewiesen.

Am 8. August 1916 am späten Vormittage bemerkte auf der von Oeblarn drei Wegstunden entfernten

Oberenglitztal *Oberenglitztalalpe die Sennerin Konstantia Steiner, wie sich ein Mann durch Dick und Dünn längst des dort fließenden Baches gegen den Weg vorarbeitete, der von Walchen nach Großsölk führt. Sie begab sich zur Anna Stangl, und beide giengen von ihren höher gelegenen Hütten zur tiefer liegenden der Julie Schwab, da kam ihnen von unten herauf auch schon derselbe Mann entgegen, und führte ein kurzes Gespräch mit den beiden Mädchen, wobei er erzählte, daß ihm die Sennerin von der unteren Hütte - eben Julie Schwab - Milch gegeben habe. Dies trifft zu, denn Julie Schwab hatte ihm tatsächlich Milch gegeben; sie hatte von ihm auch erfahren, daß er Tischler sei. Nach dem kurzen Gespräche sah Anna Stangl dem Manne nach, da bemerkte sie, wie der Mann etwas Weißes aus dem Rucksack zog und zum Mund führte. Sie hielt dies Weiße für Zucker und sagte auch sogleich zur Steiner, daß der verdächtige Mann Zucker aus seinem Rucksack gezogen habe. Auch Konstantia Steiner sah nun um, aber der Mann hatte schon wieder infolge der Beobachtung durch Anna Stangl den*

Zucker *Zucker und zwar sehr rasch, in seinem Rucksack verschwinden lassen* *und gieng, diesmal aber im schnellsten Schritte, davon. Maria Köck hatte Zucker bei sich getragen. - Daß die drei Sennerinen nach den vorgewiesenen Lichtbildern von Eyben diesen sofort als jenen Mann, bezeichneten, ist selbstverständlich. Er hatte nach Verübung seiner Untat an Marie Köck der Versuchung, wenigstens den Zucker nicht zurückzulassen, sondern selbst zu essen, wohl nicht wiederstehen können, war aber im übrigen seinen Gepflogenheiten treu geblieben und hatte sonst alle Spuren der Tat verwischt. Es ist schon gesagt werden, daß Eyben unbegreiflicher Weise in diesem Falle noch immer starr leugnet. Die Anklage kann daher nicht das Mittel zur Tötung der Maria Köck angeben; es dürfte aber wohl als sicher gelten können, daß er auch hier das Mädchen erwürgte. Es kommt ja auch nicht darauf an, die Art der Tatverübung bis in das kleinste festzustellen, sondern darauf, daß die Absicht zu töten bestand und ihre Verwirklichung gefunden hat. Mehr wird dem leugnenden Mörder, der sein Opfer beseitigen konnte, nie zu beweisen sein. Hat aber Eyben das Mädchen so, wie Anna Schmidhüber ermordet, so mußte dies auch so wie im Falle Schmidhuber einen natürlichen Beweggrund haben; es sollten die Spuren der anderen vorher begangenen Untaten, der Entführung und der Notzucht, verborgen werden; nur die Toten schweigen still. ...“*

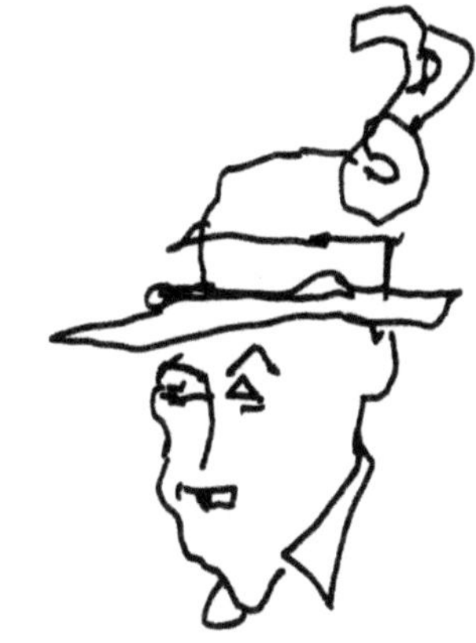

Nur die Toten schweigen still

21. August 2024:
Die Recherche im Staatsarchiv steht noch aus. Da sollten eigentlich noch andere Sichtweisen auf den Fall auftauchen.

29. August 2024
Post vom Staatsarchiv!
Tatsächlich wird auf meine Anfrage geantwortet:
Ein Herr oder Frau Walnig schreibt mir:
„Im Bestand des Justizministeriums befinden sich unter der Signatur VI Akten betreffend Strafsachen. Im zu den Akten gehörigen Namensindex konnte ein Eintrag zu Karl Theodor Eyben festgestellt werden, der zu einem Akt aus der Signatur VI w Todesurteile führt. Bei dem betreffenden Akt handelt es sich um die Vorlage des Todesurteils des Kreisgerichtes Steyr an das Justizministerium und die Nachsicht

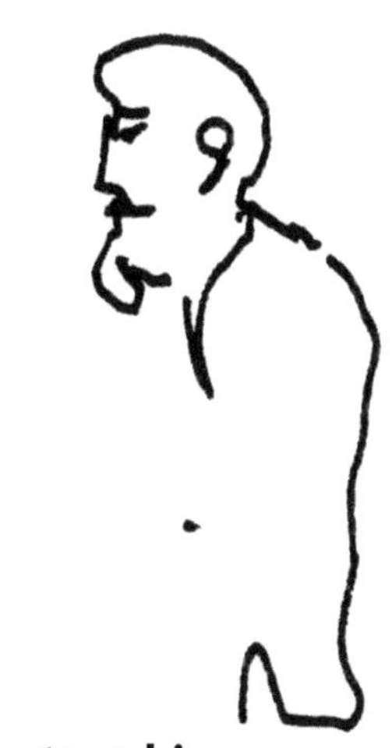

Staatsarchiv

Nachsicht der Todesstrafe durch Kaiser Karl

der Todesstrafe durch Kaiser Karl.
Gerichtsakten zum Prozess selbst wären im zuständigen Landesarchiv zu vermuten..."

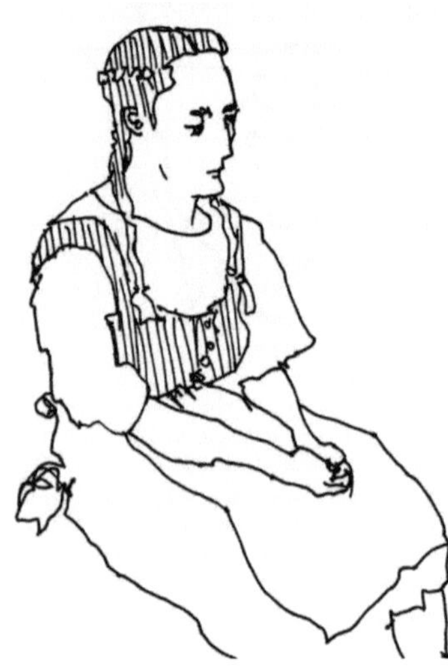

Das klingt spannend. Nicht zuletzt habe ich die Hoffnung, den Akt mit den Zeugenaussagen im Fall Maria Köck zu finden. Meine Überlegung ist es, daß nicht das bloße Gnadengesuch zum Urteil, sondern der gesamte Akt im Staatsarchiv zu finden ist.
Der Verweis auf das Landesarchiv Linz bringt mir hier nicht mehr viel, denn daß es aus Steyr nicht mehr viel gibt, weiß ich schon aus dem Telefonat mit dem Oberösterreichischen Landesarchiv. Ob es am Hochwasser in Steyr liegt oder andere Ursachen hat, verbirgt sich wohl für immer im Dunkel der Geschichte.

Also geht es nun ans Vereinbaren eines Termines im Staatsarchiv.

Zuvor vertiefe ich noch das wenige, das zum Stichwort Karl Theodor Eyben im Internet zu finden ist.
Es sind zwei Einträge in einer Kalenderchronik in Steyr, die, wenn ich es recht verstehe, zur damalige Zeit etwas alle zwei Jahre erschienen ist und chronologisch das Geschehen in der Stadt Steyr berichtet. Vielleicht- was mir plausibler erscheinen würde- ist im Chronikbuch jeweils das vorletzte Jahr vollständig gelistet, denn zunächst muß das Jahr voll werden, dann kann eine Redaktion die zu druckenden Themen wählen und mit Satz und Druck der Festschrift vergeht die Zeit, sodaß im Spätherbst ein geschenktauglicher Band vorliegt, der zu Weihnachten am Gabentisch liegt.
So stelle ich es mir zumindest vor.

Steyr

So ist im „Steyrer Geschäfts- und Unterhaltungskalender 1918" (nach meiner Vermutung erschienen im Herbst 1917):
Unter dem Datum 1916, September, 10 vermerkt der schon bekannteText:
„Der Eisenbahnbedienstete Wenzel Schmid..." siehe vorne.

Der zweite Eintrag stammt aus dem „Steyrer Geschäfts- und Unterhaltungskalender 1920" Hier ist unter dem Datum 1918, November, 9 zu lesen:
„In Garsten in der Strafanstalt ist, 33 Jahre alt,
der Mörder der 15jährigen Schmidhuber namens Theodor Eyben gestorben."

Einfach so: „gestorben“.

— In Garsten in der Strafanstalt ist, 33 Jahre alt, der Mörder der 15 jährigen Schmidhuber, namens Theodor Eyben, gestorben.

Eine kurze Unsicherheit beschleicht mich: Das waren doch diese letzten Tage des ersten Weltkrieges.
Wie war das im November 1918?
Ende des Krieges 11. November 1918.
12. November 1918 Ausrufung der Republik.
Davor am 11. November hat Kaiser Karl abgedankt.
Eine spannende Zeit.
Hat der Tod Eybens etwas mit dem Zusammenbruch des Staates etwas zu tun, dessen Bürger er nicht war?
Hat ein Schwinden des Ansehens des Kaisers und damit verbunden ein Nachlassen des Schutzes durch eine Begnadigung des fernen schwächelnden Kaisers dazu geführt, daß das Todesurteil ruckzuck vollzogen worden ist?
Fakten schaffen und den Kinderschänder um die Ecke bringen?

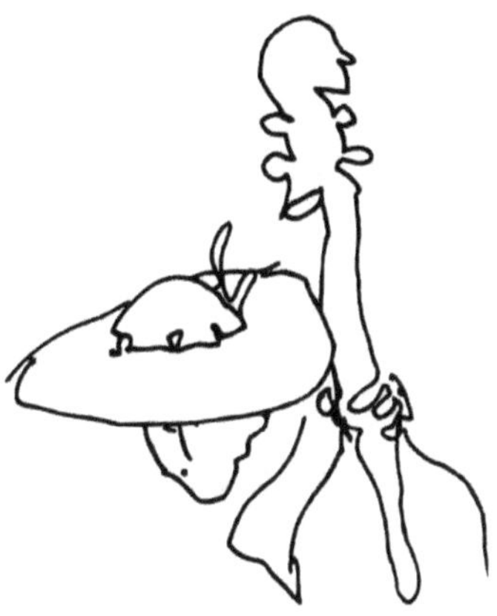

November 1918

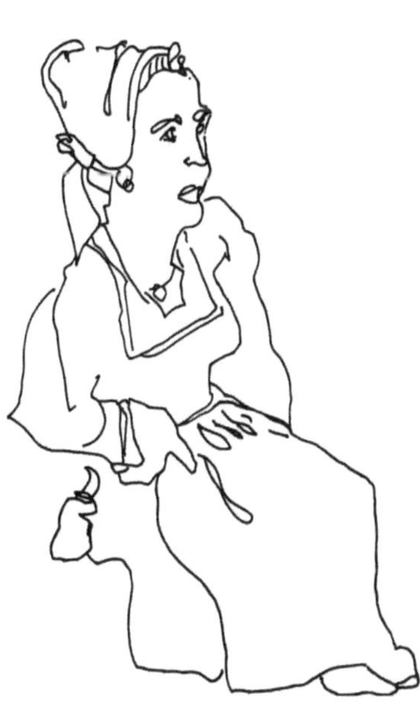

Der „Steyrer Geschäfts- und Unterhaltungskalender 1920“ vermerkt in distanzierter Betrachtung für die Monate Oktober und November 1918 mehrere Gemeinderatsauflösungen und Abdankungen der Bürgermeister. Mit dem Zerfall des Staates Kaiserreich und Königreich Österreich und Ungarn ging ja auch eine innere Auflösung der Staatlichen Ordnung einher. Steyr liegt weit genug von allen Grenzen des Reiches entfernt um von Gewaltsamer Grenzverschiebung verschont zu bleiben. Aber die Dinge, die man später verharmlosend als soziale Verschiebungen bezeichnet hat, geschahen auch hier sehr wohl.
In diesen Tagen Anfang November 1918 war in Steyr das Kaiserreich schon vorbei und der neue Staat Österreich setzte sich Stunde um Stunde durch.
Also kurz gesagt: Ich selber bin zwar in Steyr getauft, aber was 50 Jahre vor meiner Geburt in Steyr los war, davon habe ich noch keine Ahnung und will hier auch nicht zu viel spekulieren.
Der „Steyrer Geschäfts- und Unterhaltungskalender1920“ berichtet in vielen Einträgen von den Todesopfern der Spanischen Grippe.
Daß auch Häftlinge die Spanische Grippe bekommen ist klar.
Vielleicht ist der Eyben ja daran gestorben?

Auffällig ist jedenfalls das zeitliche Zusammentreffen von Todestag und Ende des Staates.

Mit dem Todestag 9. November 1918 konnte ich jetzt
in den Sterbebüchern suchen.
Garsten 1918: die Onlinebücher sind gut zu finden.
und tatsächlich:
im Totenbuch Tomus XIII pagina 35 steht „Eyben Karl,Theodor, led(ig), Tischler“ verzeichnet.
Er ist tot.

Garsten: Karl Eyben ist in der hiesigen Strafanstalt gestorben

Jetzt fällt mir auf: sein Eintrag hat keine fortlaufende Zahl, bei ihm ist kein einziges Feld ausgefüllt, weder Sterbetag noch Datum der Beisetzung. dafür ist ganz rechts ein eng geschriebener Kommentar: *„Eyben Karl ist in der hiesigen Strafanstalt gest....“* Weiter komme ich nicht, die Kurrentschrift ist zu unleserlich.

Der Umstand mit den nicht nummerierten Zeilen und dem eng geschriebene Kommentar trifft auch auf die beiden obersten Zeilen der Doppelseite zu: hat man die Leute aus der Strafanstalt auf diese Weise ins Totenbuch der Pfarre eingetragen? Ohne nähere Daten, kein Lebensalter. So hat man wohl in die Aufzeichnungen einer Pfarrgemeinde die Fremdlinge aus der Strafanstalt aufgenommen, weil es wohl sein mußte, aber zugleich auch klar gestellt, daß diese Toten nicht hier dazugehören.
Bei alles dreien ist die Notiz in der rechte Spalte:
„...ist in der Strafanstalt gest...“ und endet jeweils mit *„16/9 1883 Z 8157“* also dem Erlass, der für die Pfarrämter regelt, auch Fremde einzutragen.
Bei den anderen beiden ist der Ort der Beerdigung angeführt,
Garsten und Steyr. Bei Eyben ist sogar dieses Feld leer,
nicht einmal das Geschlecht ist markiert.
Hat man ihn in die Enns geschmissen, oder wußte es er eintragende Ernst Kosch einfach nicht und hat deshalb „hierorts beerdigt“ beschrieben?

Auch die Evangelischen hätte man begraben, das zeigen die oberen beiden Einträge, von denen einer evangelisch war und er andere mosaisch.

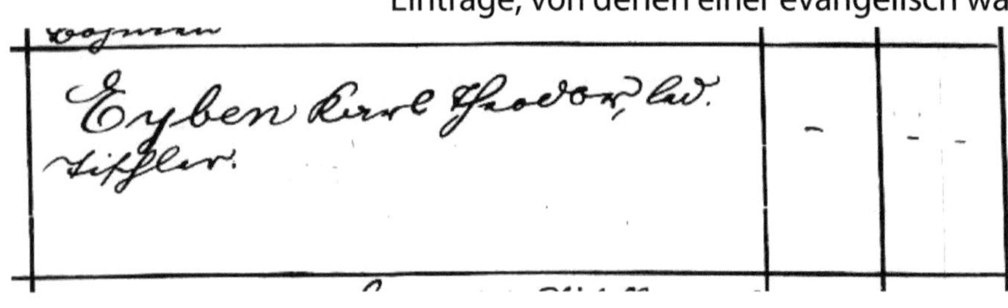
Eyben Karl Theodor, led.
Tischler.

Oder war doch die Spanische Grippe so verheerend, daß man Leichen ohne viel zu fragen einfach vergraben hat? Da gibt es noch viel herauszufinden.

Ich weiß nicht, wie in Bayern die Matriken geführt wurden, aber es ist denkbar, daß in seiner Geburtsgemeinde ebenfalls eine Todesnotiz ins Kirchenbuch eingetragen worden ist. Eyben war evangelisch, und ich habe bisher nicht in den katholischen Büchern recherchiert: Ich denke aber die Staatsverwaltung in Bayern wird der österreichischen ähneln, was die Matriken angeht. Eventuell haben die Evangelischen getrennte Bücher. Das würde sich zeigen.

Aber zunächst muß mir wieder der Strommer Alfred beim Transkribieren helfen. Mit seiner Hilfe kann ich den ganzen Text erfassen.

Hier steht:
„Eyben Karl ist in der hiesigen Strafanstalt gest.(orben) u.(nd) am 9/11 1918 hierorts beerdigt worden. Er war evangelisch u(nd) die Matrikulierung des Sterbefalles ist beim evang.(elischen) Pfarramt in Steyr zu suchen. Eingetragen gem.(äß) Erl.(ass)v(om) Min(isterium) d(es) Inn.(eren) 16/8.1883 Z(iffer) 8157."

In Steyr muß es jedenfalls noch ein evangelisches Kirchenbuch geben. In dieses ist laut katholischem Sterbebuch der Todeseintag verzeichnet. Und langsam dämmert mir:
„Der Sterbefall ist beim Evangelischen Pfarramt in Steyr zu suchen",
steht Im Totenbuch.
Also suchen!

Evangelische Bücher

Wo finde ich die evangelischen Bücher?
Ich bekomme den Tip von Strommer Alfred. Als geübter Genealoge weiß er wo in Österreich die Bücher der Evangelischen aufbewahrt werden:
In Wien, 18. Bezirk ist die Verwaltung der Evangelischen Kirche. Hier sitzt Herr Leitner und der hilft weiter: Ich solle im oberösterreichischen „Doris"-System nachsehen. Zu meiner Überraschung sind dort neben Flächenwidmungsplänen und Hochwasserkarten die Bücher zu finden.

Nach kurzer Orientierung finde ich die Sterbedaten: gestorben in der Strafanstalt, Krankheit/Todesart: „Hydrops universalis", beerdigt in Garsten, Anstaltsfriedhof, am 8. November 1918, 8h vormittags. Anmerkung: **Grippe**.

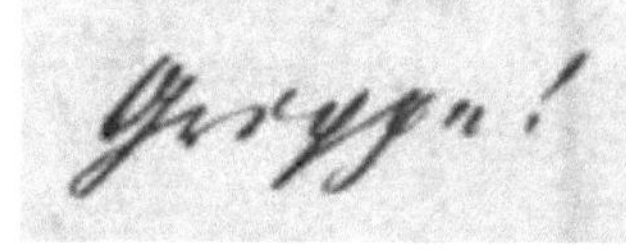

im Staatsarchiv Wien

23. September 2024. Ich habe den Termin im Studiensaal des Staatsarchives. Nach einer mehrstufigen Anmeldung habe ich meinen sichtbar zu tragende Benutzerkarte, und den Forscherbogen: Dies ist ein A3 Bogen mit meinen Daten und der Angabe des Forschungszweckes. Was schreibe ich da hinein? Forschen über einen Mörder im Jahr 1916? Forschen über den tragischen Mord eines 6-jährigen Mädchen? Forschen über das Ende des niederträchtigsten Verbrechers der mir ausserhalb von Romanen und Filmen je untergekommen ist? Forschung über Leute, die dazu geführt haben, daß Paula Grogger ein literarisches Denkmal für ein unschuldiges Mädel setzen konnte?

Heimatforschung

Die Dame am Schalter hilft mir: Schreiben Sie *„Heimatforschung“.*
Das tue ich, und am anderen Tresen wird mir ein dünner Akt übergeben.

Gefaltete Blätter, in Spalten beschrieben.
Das Gnadengesuch.
Zunächst muß ich mich in das Ordnungssystem einfinden.
Das System, daß in mehreren Spalten am gleichen Blatt gearbeitet wird, kenne ich schon aus der Bürokratie des 19. Jahrhunderts. Neu ist mir, daß nicht nur zwei Spalten sind, sondern 6 Spalten auf der Doppelseite, vier links und zwei rechts. in jeder der schmalen Spalten ist ein über mehrere Seiten laufender Text, was beim Lesen ein ständiges Umblättern und Spaltensuchen nach sich zieht. Und es sind 5 unabhängige Texte, die sich in Maschinenschrift über etliche Seiten hinziehen. Allein das Einspannen der Doppelbögen mit vorne - hinten, Tabulator und Bogenseitenumbruch ist eine handwerkliche Kunstform.
Kein Wunder, daß man später davon abgekommen ist und Texte nur mehr als Maschinschriftblätter hintereinander gesetzt hat, und nicht mehr nebeneinander auf das gleiche Blatt.
In handschriftlichen Akten hat das unmittelbare Nebeneinander von Antrag, Kommentar und Abfertigung am gleichen Blatt durchaus Sinn, wenn da nicht das Problem mit der Lesbarkeit der Handschrift wäre. Mit Maschinenschrift ist alles gut lesbar, zugleich geht die Unmittelbarkeit einer Antwort verloren, wenn das Beschreiben der Blätter in Schreibstuben ausgelagert und professionalisiert wird.

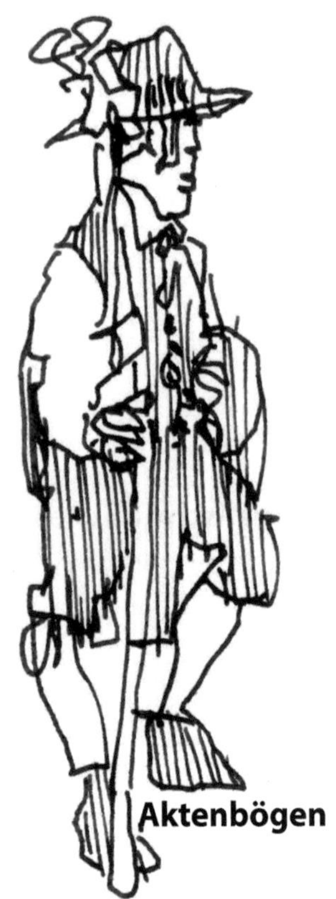

Aktenbögen

Nun gut, vor mir breitet sich in mehreren Aktenbögen und in komplizierten Texten ein Fall aus.
Die Spaltenüberschriften sind:

- fortlaufende Zahl
- Gegenstand des alleruntertänigsten Vortrages
- Name, persönliche und Familienverhältnisse, Vorleben des Verurteilten
- Inhalt des Schuldspruches und Beschreibung der Tat
- Gutachten des erkennenden Gerichtshofes und des Obersten Gerichts und Kassationshofes.

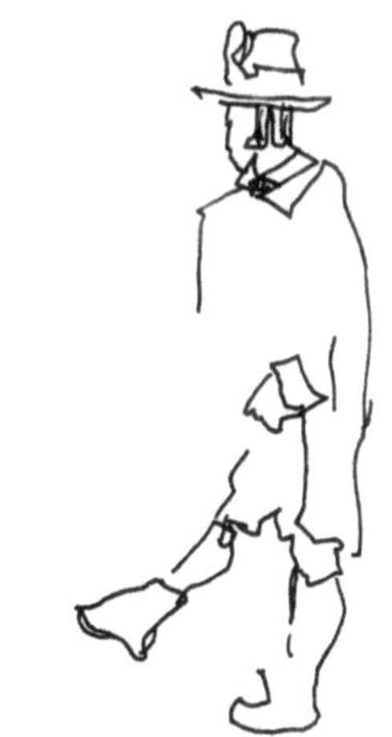

Somit 5 Texte, Familienverhältnisse, detaillierter Tathergang, psychlogisches Gutachten, etc beschreiben.
In Grundzügen werden die Umstände des Mordes in Garsten erörtert, und immer wieder auch auf Öblarn verwiesen. Zum Zeitpunkt des Gnadengesuches im Oktober 1917 war die Leiche der Maria Köck schon gefunden, allerdings war *„ die Leiche so stark verwest, daß keine Spuren von Gewaltanwendung mehr erkennbar waren".*

verweste Leiche

Eine Grauslichkeit jagt in den Texten die nächste, deshalb will ich hier nicht in weitere Details einsteigen.

Jedoch gebe ich hier einige wörtliche Auszüge aus den Texten:
in der Spalte *„Name persönliche und Familienverhältnisse, Vorleben des Verurteilten"* steht:

„Karl Theodor Eyben, 31 Jahre alt, evangelisch, ledig, Sohn eines Dekorationsmalers in Hof in Bayern, nach Komotau in Böhmen zuständig, Tischlergehilfe, verlor früh seinen Vater und wurde von sei nem Stiervater sowie seinem ersten Lehrherrn nach seiner Angabe sehr schlecht behandelt. Die Schulnachricht bezeichnet seinen Lernerfolg als mittelmäßig, ihn selbst als träg, leichtfertig, verlogen und unstät. Von seinem Stiefvater wurde er nach zurückgelegter Schulzeit des Hauses verwiesen."

träg, verlogen, unstät

Die Spalte *„Inhalt des Schuldspruches und Beschreibung der Tat"* zeigt:

„… und gestand dem Gendarmen seine Beteiligung am Morde der Anna Schmidhuber ein.
Während der Untersuchung wegen des an der Genannten begangenen Mordes kam hervor und Eyben war dessen auch geständig, daß er im Jänner 1916 in der Gemeinde Lengenfelden in Bayern die noch nicht 14jährige Taglöhnerstochter

weitere Verbrechen

Entwich aus der Haft

Rosa Kolb, nachdem er sie auf einem Wege überfallen und unter Bedrohung mit dem Erstechen in einen nahen Wald geschleppt hatte, sie wiederholt geschlechtlich gebraucht habe, mit ihr längere Zeit herumgezogen sei, bis es ihr durch eine List gelang, ihm zu entkommen. Deshalb vom Landgerichte Weiden in Untersuchung gezogen, entwich er aus der Haft, Wobei er die Türfüllung seiner Zelle durchschnitt und dadurch einen Schaden von 1 1/2 Mark anrichtete und wobei er ferner zwei Wolldecken sowie eine Gummi-Betteinlage im Werte von zusammen 18 Mark entwendete.

Wiederaufnahme ergebnislos

Eyben ist auch verdächtig, am 7. August 1916 bei Öblarn in Steiermark die 6jährige Maria Köck geschlechtlich mißbraucht und hierauf ermordet zu haben. Der Gerichtshof konnte aber die volle Überzeugung von seiner Schuld nicht gewinnen, zumal zur Zeit der Urteilsfällung von dem verschwundenen Kinde noch keine Spur gefunden war, und ging deshalb mit einem Freispruche vor. Als in der Folge Teile der ganz verwesten Leiche des Kindes und seine Kleidungsstücke zum Vorscheine kamen, wurden zwar Erhebungen zur Wiederaufnahme des Strafverfahrens gegen Eyben gepflogen; sie verliefen aber ergebnislos…"

Und das angeschlossene Dokument der Urteilsbegründung zählt auf:

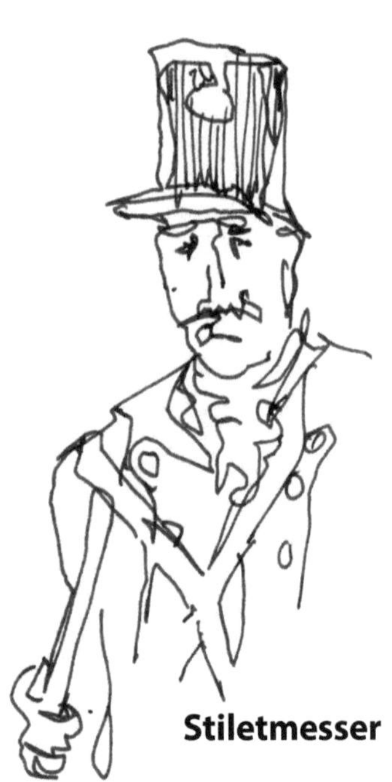

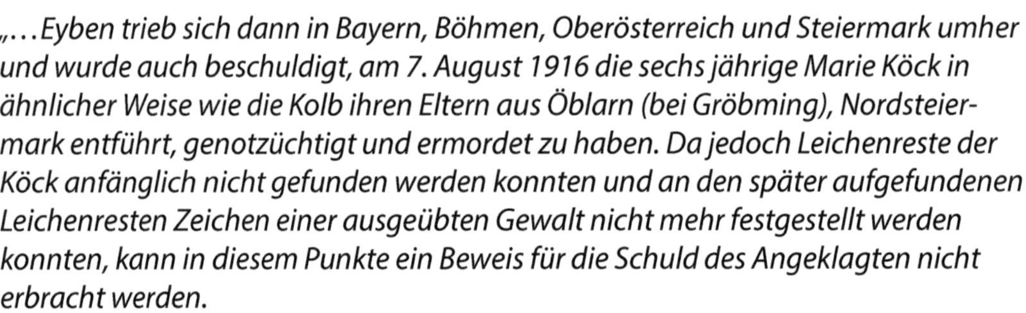

„…Eyben trieb sich dann in Bayern, Böhmen, Oberösterreich und Steiermark umher und wurde auch beschuldigt, am 7. August 1916 die sechs jährige Marie Köck in ähnlicher Weise wie die Kolb ihren Eltern aus Öblarn (bei Gröbming), Nordsteiermark entführt, genotzüchtigt und ermordet zu haben. Da jedoch Leichenreste der Köck anfänglich nicht gefunden werden konnten und an den später aufgefundenen Leichenresten Zeichen einer ausgeübten Gewalt nicht mehr festgestellt werden konnten, kann in diesem Punkte ein Beweis für die Schuld des Angeklagten nicht erbracht werden.

Stiletmesser

Am 14. August 1916 trat Eyben beim Tischlermeister Ecker in Steyr als Gehilfe ein. Bei diesem war auch der damals 17 Jahre alte Johann Kinder in der Lehre; beide schlossen sich bald einander an und, als Eyben am 9. September 1916 von Ecker wegen kleinerer Diebereien und Unbotmäßigkeiten entlassen worden war, beredete er den Kinder, mit ihm auf die Wanderschaft zu gehen. Am Morgen des 10. September 1916 begaben sich beide auf die Reise, wobei Eyben einen Revolver und ein Stiletmesser mitnahm. Die beiden Burschen wanderten auf der Straße von Bucholz gegen Werking hin; da beredete Eyben den Kinder, sich auf die Lauer zu legen, ein vorbeikommendes Mädchen abzufangen, …" etc.

Interessant an dem Akt ist noch, daß auf der Kopfseite des Aktes eine maschinschriftliche Halbspalte aufgetippt ist „Ah (= Allerhöchste) Entschließung .
„Aus Gnade sehe ich … nach…" und die mit roter Tinte handschriftliche Notiz:
„Laxenburg den 4. Dezember 1917 Karl m.p."
Ich übersetze es mit manu propria also „eigenhändig".
So sieht also die Unterschrift des letzten Kaisers Karl aus.
Er hat einen Mix aus Kurrentschrift und Lateinschrift geschrieben:
Eine gut lesbare klare Handschrift in roter Tinte.

Begnadigung

verhängte Todesstrafe nach und über-
lasse es Meinem O.G.u.K.H., an deren
Stelle eine angemessene Freiheitsstra-
fe zu bestimmen.

Laxenburg am 4 Dezember 917
Karl m.p.

Mit Unterschrift Kaiser Karls

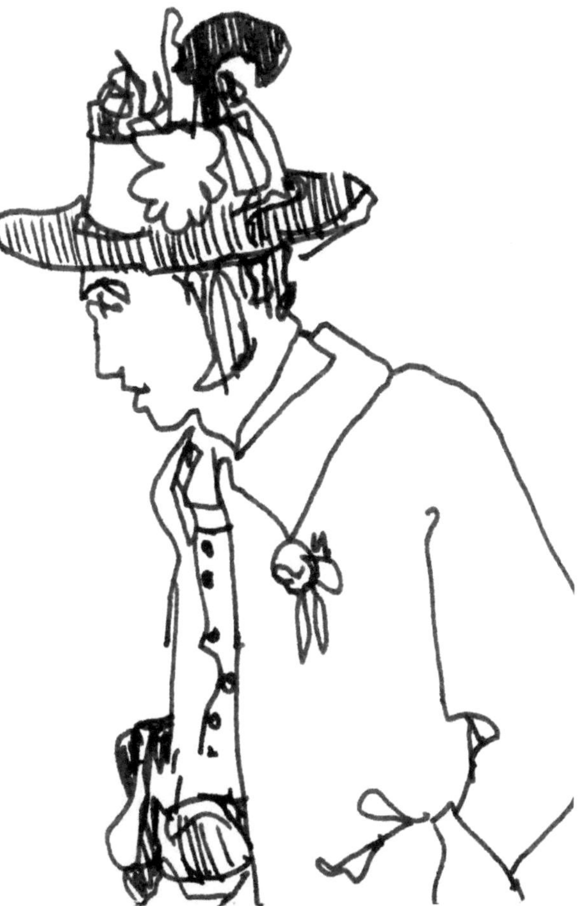

Mit dem kaiserlichen Akt war der Karl Theodor Eyben nun also begnadigt und zu lebenslanger Haft bestimmt mit einem Fasttag jeden 11. September, dem Tag des Mordes an Anna Schmidhuber aus Garsten.

Wir Nachgeborenen wissen, daß er ab der Begnadigung nur mehr 11 Monate zu leben hatte.
Er starb in den ersten Tagen des November 1918 an der spanischen Grippe, wie Millionen seiner Zeitgenossen,

Die Pfarrchronik:

Gab es ein Grab?

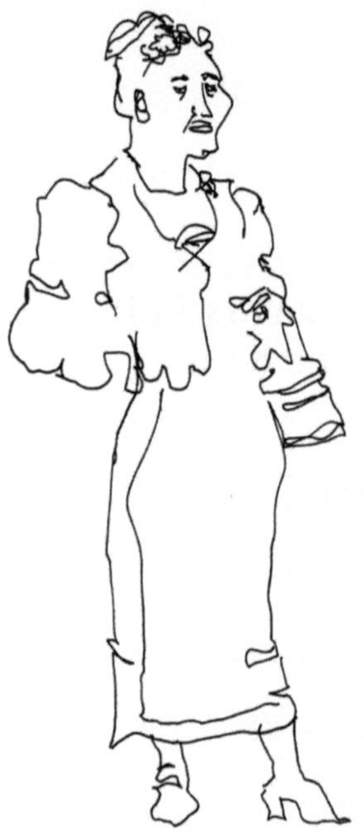

Erst im Herbst 2024 entsinne ich mich der Pfarrchronik. Vor 20 Jahren habe ich schon Passagen daraus über die Franzosenzeit gelesen: Als das französische Heer angerückt gekommen ist, ca 1809 steht ein spannender Bericht in der Chronik.
Wenn der Pfarrer im Jahr 1916 oder 17 auch so berichtfreudig war, dann würde ich etwas finden.
Und das Friedhofsbuch: Wenn die sterblichen Überreste im Juni 1917 bestattet worden sind, wäre das Ereignis im Friedhofsbuch zu finden, eventuell sogar mit Circa-Adresse am Friedhof: Gab es ein Grab?

Seit wir in Öblarn keinen Pfarrer mehr haben, ist es natürlich komplizierter, allein den Ort der Aufbewahrung der Chronik zu finden.
Ich rufe in Gröbming in der Pfarrkanzlei an: Ja, sagt die freundliche Dame, wahrscheinlich sind alle Bücher hier aber da wisse sie nicht so ganz, wo die sind, aber: Die Bücher sind alle digitalisiert worden. Die Onlinematriken kenne ich schon, sage ich, gibt es die andere Bücher auch? Ja da soll ich mich an archiv@ graz-seckau.at wenden, meint sie.
Gesagt getan!

Diözesanarchiv

Schon am nächsten Tag erhalte ich einige Daten per mail:
Frau Boshof vom Diözesanarchiv sendet mir die Links zu den Onlinematriken Taufbuch und Sterbebuch, und zusätzlich hat sie zwei Zeitungsartikel für mich herausgesucht.

Keine Pfarrchronik aus diesen Jahren

Leider gibt es keine Einträge in der Pfarrchronik aus diesen Jahren. Schade.
Sie schreibt auf Nachfrage:
„Wie gesagt gibt es in der Pfarrchronik im Zeitraum zwischen 1911 und 1921 keine Einträge. Der derzeitige Pfarrvikar Wolfgang Weinkopf starb 1921 und war laut Chronik anscheinend schon mehrere Jahre schwer krank. Vielleicht hat er deshalb die Chronik in den letzten Jahren nicht ordnungsgemäß weitergeführt."

Das Taufbuch mit dem schockierenden Eintrag *„ermordet worden !"* kenne ich schon, das Sterbebuch bringt jedoch eine neue Information:

Sterbebuch der Pfarre

Als Eintrag 25 steht über Maria Köck, Einöder Kind, 6 Jahre alt, *„tot aufgefunden"*:
„Am 7. Aug. 916 abhanden gekommen, wurde am 2. Juni 917 auf Hochneubrand ermordet aufgefunden u. am 6. Juni beerdigt.", Pater Wolfgang Weinkopf, Pfrv

Ich nehme an, der Namenszusatz Pfrv meint „Pfarrvicar" denn zwei Mal auf der Doppelseite ist das Wort ausgeschrieben, wenngleich recht schwer leserlich. Aber das Wissensbruchstück passt zu der Information aus dem Diözesanarchiv.

Hingegen zeigen sich die Zeitungsartikel überwältigend inhaltsschwer:
Es ist rückblickend beruhigend, daß auch in einem Kriegsjahr ein kleines Mädel nicht sang- und klanglos verschwinden kann, sondern daß ein junges Leben eines kleinen Opfers und die Suche nach ihrem Verbleib auch überregional Aufmerksamkeit angezogen hat. Landesweit erscheindende Zeitungen berichten vom Fund der Leiche:
Die Steierische Alpenpost , eine Wochenzeitung aus Bad Aussee schreibt am Samstag, den 16. Juni 1917:

Steierische Alpenpost Bad Aussee

„ Öblarn. (Auffindung von Leichenresten.)
Am 3. Juni wurden von einem Schafhirten am Schattenberg in einem Jungwald die Leichenreste des seit zehn Monaten abgängigen 7 jährigen Kindes Maria Köck, Tochter der Besitzerin gleichen Namens (Einöder)in Bach bei Öblarn aufgefunden. An dem Mädchen war aller Wahrscheinlichkeit nach ein abscheuliches Verbrechen verübt worden und vermutet man als Täter den am 24. April in Steyr wegen Ermordung der Glasermeisterstochter Anna Schmidhuber in Garsten, zum Tode durch den Strang verurteilten Tischlergehilfen Karl Theodor Eyben."

Deblarn. (Auffi
Am 3. Juni wurden vo
berg in einem Jungw
Monaten abgängigen
Tochter der Besitzerin gl
bei Deblarn, aufgefund
Wahrscheinlichkeit nach
übt worden und vermute

Grazer Volksblatt

Das Grazer Volksblatt berichtet in der Morgenausgabe am Dienstag, den 12. Juni 1917 in aller Ausführlichkeit:

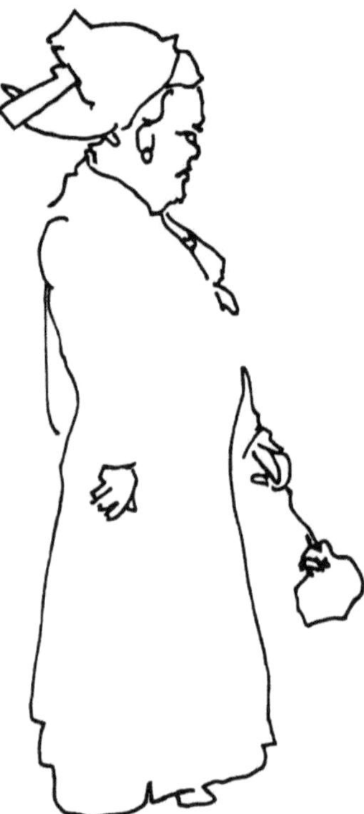

„Öblarn. (Aufklärung des Mädchenmordes.) Durch einen Zufall wurde dieser Tage in ein bisher völlig unaufgeklärtes Verbrechen, dem die sieben Jahre alte Grundbesitzerstochter Marie Köck aus Bach bei Oblarn zum Opfer fiel, Licht gebracht. Wie seinerzeit berichtet wurde, hatte im Juli v.J. (=vorigen Jahres) die Grundbesitzerin Marie Köck, insgemein Einöder in Bach, ihre sieben Jahre alte Tochter Marie nach dem etwa eine halbe Stunde entfernten Ort Öblarn mit dem Auftrage geschickt, in Öblarn Zucker einzukaufen. Das Kind kehrte nicht zurück und blieb verschollen. Mehrere Personen behaupteten auf das Bestimmteste, daß sie die Marie Köck in Gesellschaft des Tischlergehilfen Karl Theodor Eyben gesehen hatten, der vor einem Jahr aus einen bayrischen Gefängnis entsprungen war, und der auch in der Nähe von Garsten ein 15 Jahre altes Mädchen vergewaltigt und dann ermordet hatte. Eyben wurde verhaftet. Im April fand in Steyr die Verhandlung statt, bei der er des Mordes bei Garsten schuldig gesprochen und zum Tode verurteilt wurde. Von der Anklage wegen der Ermordung der Marie Köck wurde Eyben jedoch freigesprochen, da die Verdachtsmomente zu einem Schuldspruche nicht ausreichten und vor allem auch die Leiche des Kindes nicht gefunden war. Nun fand am 3. d (=dieses Monats?) der Schafhirt J. Sendlhofer auf dem etwa zwei Stunden von Öblarn entfernten Schattenberge an einem Waldsaume verstreute Leichenreste eines Kindes. Die Weichteile waren anscheinend von Raubtieren von den Knochen abgefressen. Eine Gerichtskommission aus Gröbming kam zur Fundstelle, in deren nächster Nähe man auch die noch mit den Schuhen und Strumpfresten bekleideten Füße fand. In einem Gebüsch wurden mehrere Kleidungsstücke gefunden. An diesen sowie an den zwei Haarzöpfen stellte nun die Besitzerin Marie Köck fest, da das ermordete Kind ihre seit zehn Monaten vermisste Tochter ist. Jedenfalls hatte Eyben das Mädchen auf den Schattenberg verschleppt, es dort im Walde entkleidet, vergewaltigt und dann ermordet. Da das Todesurteil an Eyben bisher noch nicht vollstreckt wurde, dürfte daher gegen Eyben das Strafverfahren wegen Ermordung der Marie Köck neuerlich aufgenommen werden. Die am Schattenberge aufgefundenen Leichenreste des Kindes wurden am Friedhofe in Öblarn beerdigt, Die Erhebungen über das grausame Verbrechen werden noch fortgesetzt."

Verstreute Leichenreste

Ich bin echt erstaunt über die Präzision, mit der Details über Schuhe und Zöpfe über 108 Jahre also generationenübergreifend in den Familien weitererzählt wurden.

präzise Überlieferung

Im Grazer Volksblatt ist also der Zeitungsartikel, der alles zusammenfasst, was 20 Jahre später Paula Grogger in die Kinder-Hauptrolle der Waberl hineinschreibt.
Und der Zeitungsartikel fasst auch meine bisherigen Recherchen gut zusammen.

Die Anstrengung des Forschens läßt mir den Kopf schwirren.

Fall gelöst?

Fall gelöst?

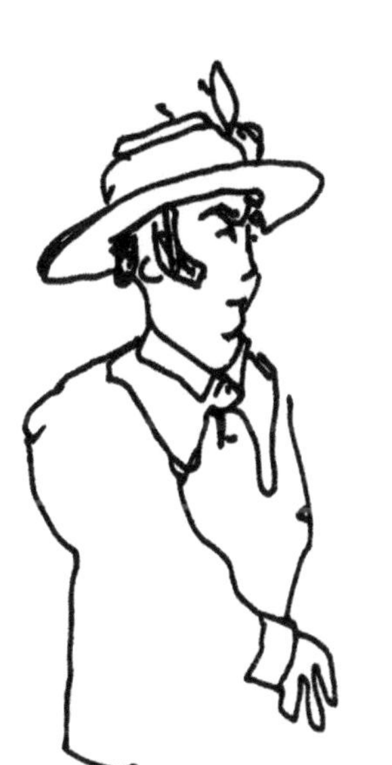

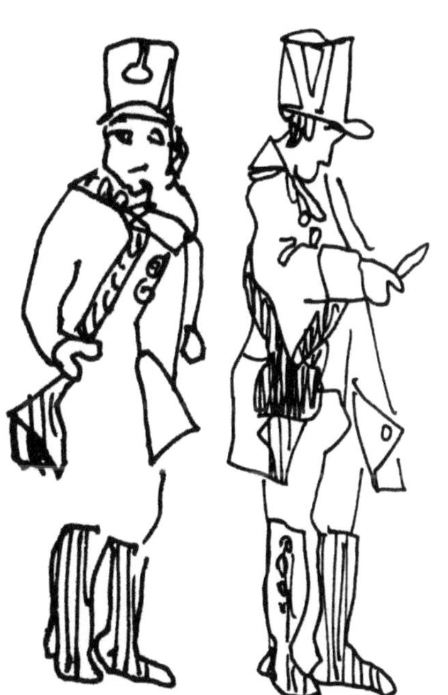

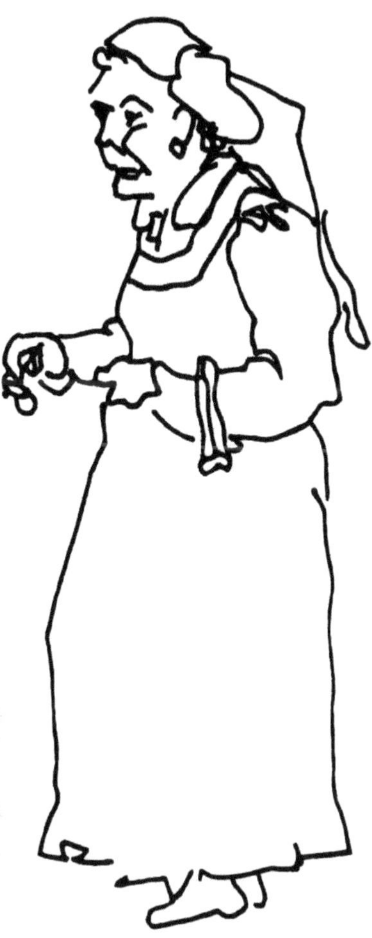

Öblarn. (Aufklärung des Mädchenmordes.) Durch einen Zufall wurde dieser Tage in ein bisher völlig unaufgeklärtes Verbrechen, dem die sieben Jahre alte Grundbesitzerstochter Marie Köck aus Bach bei Öblarn zum Opfer

Kapitel 3
Alternative Spuren

Plötzlich ein neues Thema

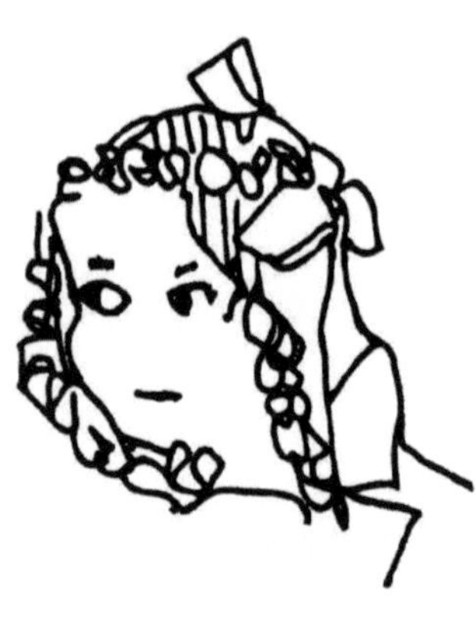

Am Samstag den 3. August 2024 kommt auf der Fischerbrücke der Gassner Guido auf mich zu und sagt mir, weil ich ja an dem Fall mit dem Kind forsche:

Keine Ruhe gelassen

Da war ein Gendarmerie-Postenkommandant, der ist in der Pension zurück nach Kärnten gezogen, er stammt wohl von dort. und der ist in seiner Pension noch oft und oft nach Öblarn gekommen, weil ihm der Fall des ermordeten Kindes keine Ruhe gelassen hat.

Darauf entgegne ich: *Was? Dann war vielleicht nicht der Eyben der Mörder?*

Darauf er: *Der Gendarm war mit dem Eyben als Mörder nicht zufrieden. Es gab noch mehr Verdächtige: Einer der anderen Verdächtigen war der Bahnwärter, der mit dem Einöder einen argen Streit gehabt hat und ihm angedroht hat, daß er ihm „etwas Wildes" antun werde.*

Noch mehr Spuren?

Wer der Gendarm war, weiss er nicht mehr, da könne mir der Martin Parth helfen.

Noch mehr Spuren?

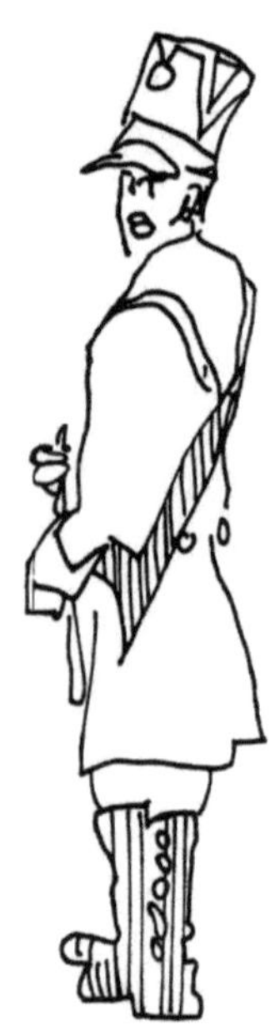

Am 19. August 2024 bekomme ich also ein Mail von Martin Parth.

Hier schreibt er:

„Servus Herwig, das klingt nach einer spannenden Geschichte und es würde mich freuen, wenn Du mich auf dem laufenden hältst. Langzeit-Postenkommandant von Öblarn war seit dem 20.6.1911 Wachtmeister Christian Egger. Er blieb es bis zum 31.10.1936, an dem er als Gendarmerie-Bezirksinspektor in den Ruhestand trat. Er ist in der Öblarn-Chronik erwähnt, und zwar in meinen Beiträgen zur Zeitgeschichte und über den Gendarmerieposten. Unsere Ex-Kollegin Ingrid Egger ist meines Wissens eine Nachfahrin (angeheiratet?). Viel Erfolg bei Deinen Recherchen! Liebe Grüße Martin"

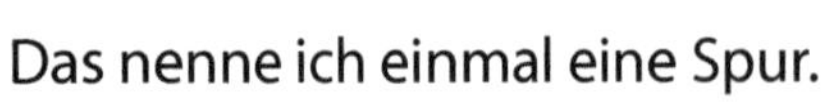

Das nenne ich einmal eine Spur.

Zum Glück habe ich die Egger Ingrid in meinem Telefon eingespeichert. Und innerhalb einer Minute bin ich auch schon mit ihr verbunden.

Aber leider, nein, sagt sie, von derartigen Geschichten und Recherchen wurde in der Familie nie gesprochen. Auch ihre Schwiegermutter, die sonst die Familiengeschichten gewußt hat, hat ihr nie etwas derartiges erzählt. Und eine derartige Geschichte, wo es um ungeklärte Umstände des Mordes an einem kleinen Mädel geht, wäre sicher einmal besprochen worden. Natürlich ist ein Jahrhundert lang, sage ich, aber in anderen Familien ist die Mordsgeschichte samt Details über die aufgefundenen Zöpfe und Schuhe des Opfers auch tradiert worden. Anderseits ist die Recherchearbeit eines Kriminalisten eher so strukturiert, daß er nicht am Familientisch über Details plauert: Dies auch, wenn die Recherche ausserhalb der Dienstjahre fortgesetzt wird. Drum ist es eigentlich logisch und auch beruhigend, daß keine verstörenden kriminalistischen Details Eingang in die Familienüberlieferung finden.

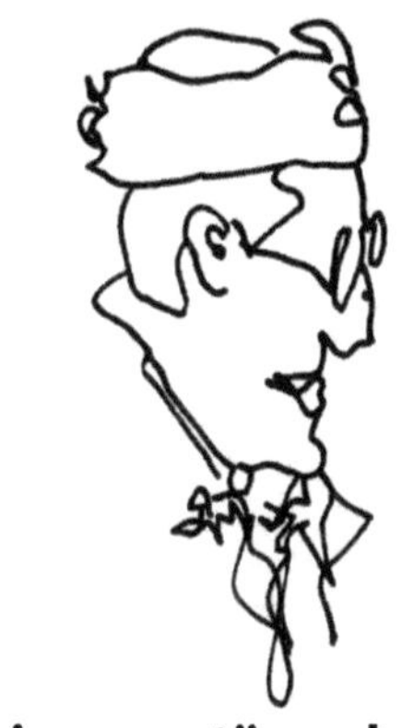

Keine verstörenden Details

Übrigens, sagt Ingrid, ist der Wachtmeister Christian Egger in der Pension nicht nach Kärnten zurückgegangen. Er stammt zwar aus Greifen im oberen Drautal, ist aber dann in Öblarn ansessig geworden, und hier auch geblieben und gestorben. Das Datum weiß sie allerdings nicht, das müsse man am Grab ablesen. Er hat in dem Haus links von der Schattenbergstraße gewohnt.

Aus Kärnten

Aha! Das Haus, in dem der jetzige Egger Christian gerade Umbauten macht. Vielleicht gibt es ja Zufallsfunde am Dachboden.
Ist zwar unwahrscheinlich, aber vielleicht ist ein Notizbuch über ein halbes Jahrhundert irgendwo gelegen?
Ich werde also den Christian noch befragen!

23. August 2024: Ich habe den Christian am Telefon. Aber auch hier: Weder beim aktuellen Umbau noch vor etwa 30 Jahren als er das Haus ausgeräumt hat, ist ihm irgendetwas wie Notizen des Urgroßvaters untergekommen. Er kennt auch die Geschichten nicht, die ich ihm zu dem Fall erzähle. Auch hier gilt wohl: Ein Jahrhundert verwischt viele Spuren.

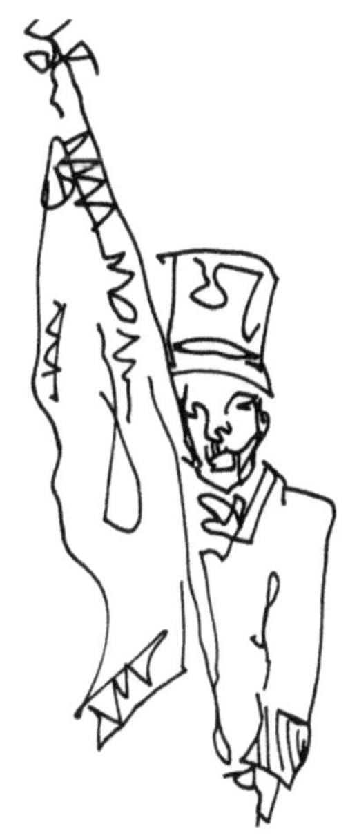

Zudem ist da noch dieses Detail, das in andere Richtungen weist: Der Gassner Guido hat in seiner Erzählung extra erwähnt, daß der Inspektor in der Pension nach Kärnten ZURÜCK gegangen ist, und noch in der Pension immer wieder Urlaube in Öblarn gemacht hat, um weitere Forschungen zu betreiben. Es muß ja nicht der Postenkommandat gewesen sein, der an einem Fall gearbeitet hat. Und wenn der Postenkommandant im Jahr 1916 schon der Wachtmeister Christian Egger war, so kann ja doch jemand anders mit dem Fall befaßt gewesen sein. Somit gibt es weitere Gendarmen, aus Kärnten stammend, die als Auskunftsleute in Frage kommen. Bloß wie finde ich dies heraus? Gibt es Personallisten aus der Zeit?

Ortschronik

In der Ortschronik finde ich den Artikel von Martin Parth und auch die Auflistung der Postenkommandanten. Interessanterweise war der Posten im Jahr 1916 im Kohlhofer Haus, also unmittelbar neben dem Geschäft, in dem die Köck Maria den Zucker gekauft hat.

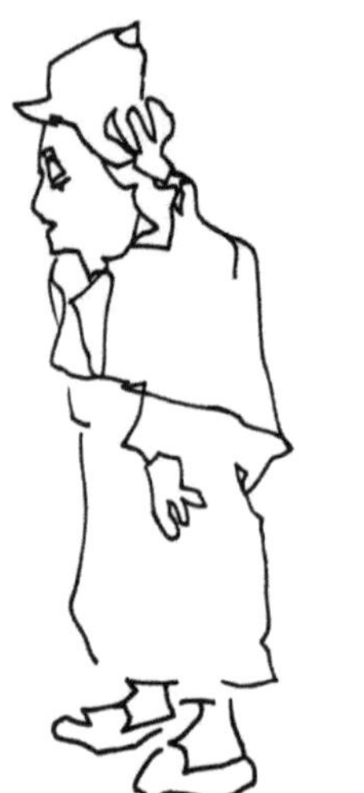

Die Namen der anderen Gendarmen sehe ich leider nicht.
Somit verrätselt sich die Spur schon wieder.
Die Beschreibung, die mir der Gassner Guido gibt ist:
Ein großer, fester Mann, ein Kärntner, er hat beim Rabenhaupt gewohnt (gegenüber der Trafik) wenn er nach Öblarn gekommen ist, und er -der Guido- *hat ihn als kleiner Bub kennengelernt*, also in den 1950er Jahren.
Dies war immerhin mehr als 35 Jahre nach dem Ereignis von 1916, und es hat dem pensionierten Gendarmen keine Ruhe gelassen. Mindestens zwei mal ist ihm der Guido als kleiner Bub begegnet.
Leider weiß er keine weiteren Details der Privatrecherche des Gendarmen, denn als kleinem Buben hat man dem Guido damals nicht viel von Verbrecherdetails erzählt.

Ein gescheiter Mann

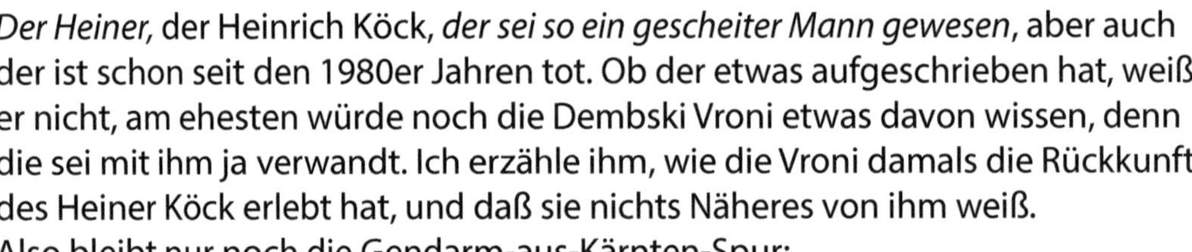

Der Heiner, der Heinrich Köck, *der sei so ein gescheiter Mann gewesen*, aber auch der ist schon seit den 1980er Jahren tot. Ob der etwas aufgeschrieben hat, weiß er nicht, am ehesten würde noch die Dembski Vroni etwas davon wissen, denn die sei mit ihm ja verwandt. Ich erzähle ihm, wie die Vroni damals die Rückkunft des Heiner Köck erlebt hat, und daß sie nichts Näheres von ihm weiß.
Also bleibt nur noch die Gendarm-aus-Kärnten-Spur:

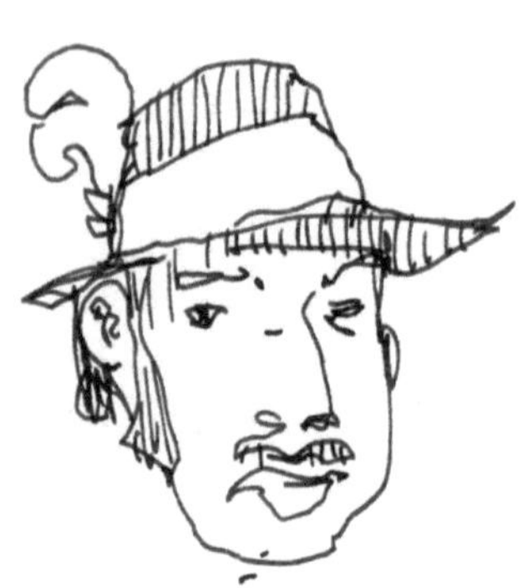

Kann da noch etwas zu Tage kommen? Habe ich eine Chance, den Nachlass eines vor 60 Jahren in Kärnten verstorbenen Gendarmen zu finden? Also diese Chance ist wirklich sehr klein…
Und da muß mir ein Zufall helfen, noch eine Spur zu finden

Das Grab der Maria Köck.

Seit dem Sterbebuch und auch den Zeitungsartikeln weiß ich daß Maria Köck ein Grab am Öblarner Friedhof hatte. Wo kann das wohl sein? Ich sehe mich ausserstande, ALLE Grabinschriften lückenlos zu lesen, und noch dazu erscheint mir die die Wahrscheinlichkeit, daß das Grab aufgelöst wurde, doch sehr hoch.
Ich gehe davon aus, daß die Köck vom Einöder mit Heinrich, dem Bruder der Maria ausgestorben sind. Daß also keiner mehr für die Erhaltung des Grabes aufkommt. Dann wird das Grab nämlich aufgelöst.
Wann ist der Heinrich gestorben? Vielleicht liegt er im gleichen Grab? Vielleicht sind auch die Eltern ins Grab zu Maria gelegt worden und Heinrich hat sein Lebtag fürs Grab seiner Eltern und Schwester bezahlt? Es heißt, er habe sehr daran gelitten, seine Schwester verloren zu haben, nur weil an dem Schicksalstag nicht er, sondern die kleine Schwester zum Kramer gegangen sei.

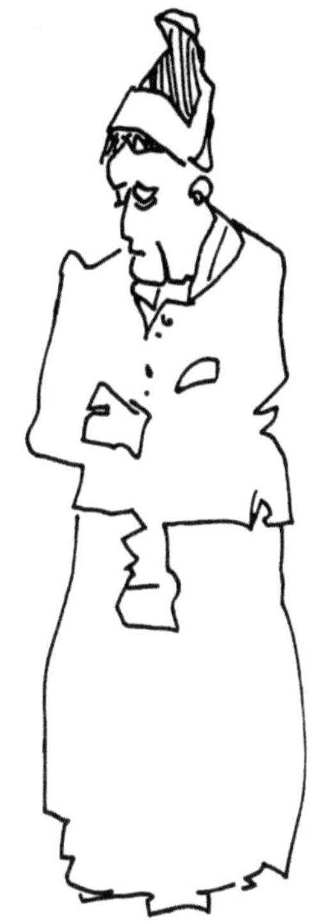

Schicksalstag

Zu Weihnachten 2024 habe ich die Idee, daß in Friedhofsbuch etwas zu finden sein müsse. Eine Grabadresse. Reihe und Nummer. Immerhin werden heute auch die Zahlscheine für die Graberhalter ausgeschickt mit relativ genauer Adresse des Grabes. Und die Information, wer die Erhaltung des Grabes zahlt, erwarte ich aus dem Verzeichnis.

Ich erinnere mich, daß ich mehrfach schon Sterbeinformationen aus dem Taufbuch gelesen habe. Vielleicht werde ich beim Köck Heinrich auch fündig?

Köck Heinrich

40	October 27. 1/2 9 abds Zwanzig sieben	28. Aus der kath. Kirche ausgetreten am 14. Jänner 1969 in Groß St. Florian. (B.H. Deutschlandsberg 7R1/1 - 1969 v. 16.1.69.)	~~Bach~~ Schörg	79	Heinrich + 16. Mai 1998 in lt. Mitteilung des Sta. (Nr. 10/1998).	1 . . . Lassing Lassing v.	18. Mai 1998 1 . . .

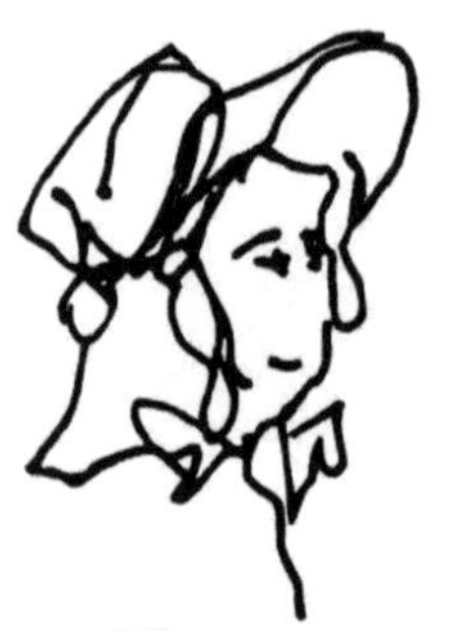

Tatsächlich:
Im Online-Taufbuch finde ich unter 27. Oktober 1908 die Geburt des Heinrich, getauft am 28. Oktober 1908, einem Mittwoch, wie ich sehe. Ich lese wohl die Handschrift des damaligen Pfarrers: *Geboren 1/2 9 abends zwanzig sieben, Adresse Edling 79*, Bach ist durchgestrichen.: das ist richtig so, denn Bach bildet mit Öblarn Ort eine gemeinsame Katastralgemeinde, während Edling zum Schattenberg und somit zur Katastralgemeinde Sonnberg gehört. Dann die *Eltern Heinrich Köck, Bauer zu Einöder, und Maria, geborene* - und jetzt wird es schwierig: Haller, Hutter, was kann das heißen? Ich muß beim Eintrag von Maria schauen, vielleicht ist es dort leichter lesbar für mich: *Hutter* lese ich in Marias Taufeintrag. *Taufpate Zandl Anna, v(ulg)o Neubauer, Buchbauer(?) zu Irdning.*, *Täufer Pfarrer Bernhard Lindinger, Hebamme Maria Voglhuber*, jeweils mit zusätzlichen Abkürzungen, die ich nicht erraten kann.

Bei den Vermerken aus späterer Zeit wird es spannend:
Hier steht: *„Aus der Katholischen Kirche ausgetreten am 14. Jänner 1969 in Groß St. Florian, BH Deutschlandsberg, 7R 1-1 1969 v 16.1.69"*

Groß St. Florian

und *„+ 16. Mai 1998 in Lassing, laut Mitteilung des Sta Lassing vom 18. Mai 1998. (No 10/1998)*

Der Apfelbauer war also in Groß St. Florian in der Weststeiermark.
Zum Schluß war Heinrich Köck also im Altersheim in Lassing,
wo er 1998 verstorben ist.
Und das ist noch gar nicht soo lange her: 27 Jahre.
Da gibt es noch Leute die sich an ihn erinnern sollten.

Lassing

Vielleicht weiß man auch am Standesamt Lassing, WO die Beisetzung war. Ich schreibe gleich nach Lassing;
Aber Leider, da weiß man nichts und ich soll mich nach Öblarn wenden, wo er geboren ist.

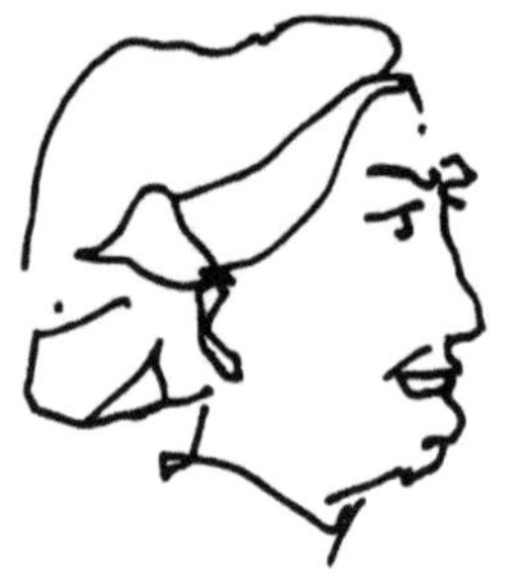

3. Jänner 2025: Also rufe ich am Pfarramt Gröbming an. Im Computer war nur das zu finden, was ich auch schon weiß. Geburtstag, Taufe, Austritt, gestorben in Lassing. Dann noch eine Recherche in den Totenbüchern. Auch hier: Nein, es gibt kein Köck Grab in Öblarn. Das ist wohl aufgelöst worden. Offenbar sind die Eltern nicht hier begraben, oder in einem Grab, das nicht mehr ihren Namen trägt: Es hat eine Zeit lang die Sitte gegeben -mir ist das neu- dass Gräber auf

Dauer zum Hof gehören, also wohl ohne Gräbergebühr und somit „für immer“. Wenn der Hof aber verkauft wird -was der Fall ist- könnte der andere neue Name mit dem Grab verbunden sein. Das Einöder ist doch mehrfach verkauft worden. War da ein Grab dabei? Derzeit gehört das Einöder zum Stapfer. Also frage ich den Moosbrugger Gabriel, ob er etwas von einem dem Hof zugehörigen Grab wisse. Nein, weiß er nicht, aber er fragt im Elternhaus nach. Seine Leute haben das Einöder von den Wörgöttern gekauft, und diese von Köck Heiner. Aber auch der Wörgötter Toni weiß nicht viel darüber und das Thema mit dem Grab ist auch ihm neu. Da bin ich nun also auf Zufallsfunde in alten Kaufverträgen angewiesen. Ob sich das Grab der Maria noch finden läßt?
Letzte Überlegung: in der Schulmatrik steht Neuper, bevor der Name Köck geschrieben worden ist. Könnte das der Grabname sein?

Im April 2025 treffe ich die Neuper Maria, Moarin z Bach, und wir sehen gemeinsam zwei Laden voller alter Dokumente durch. Leider findet sich kein Hinweis, ob das Grab zum Einöder Hof einmal beim Neuper war.
Diese Spur und das Grab verschwinden somit im Ungewissen...

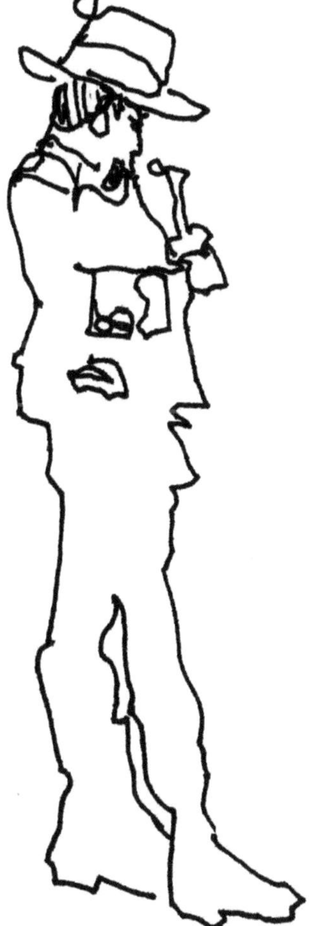

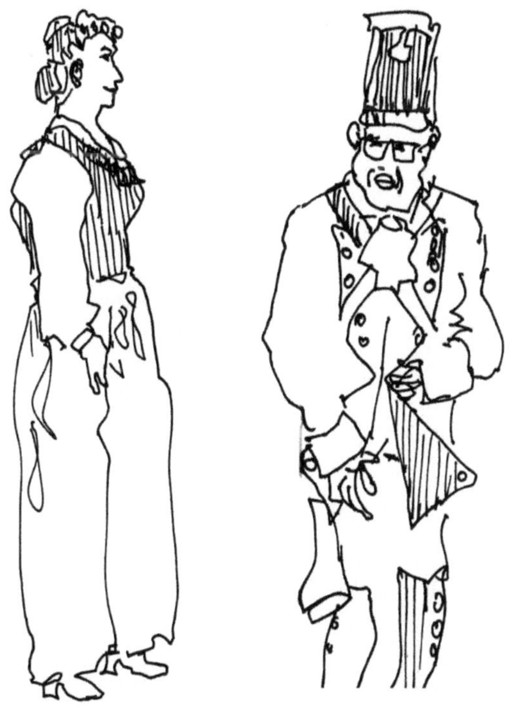

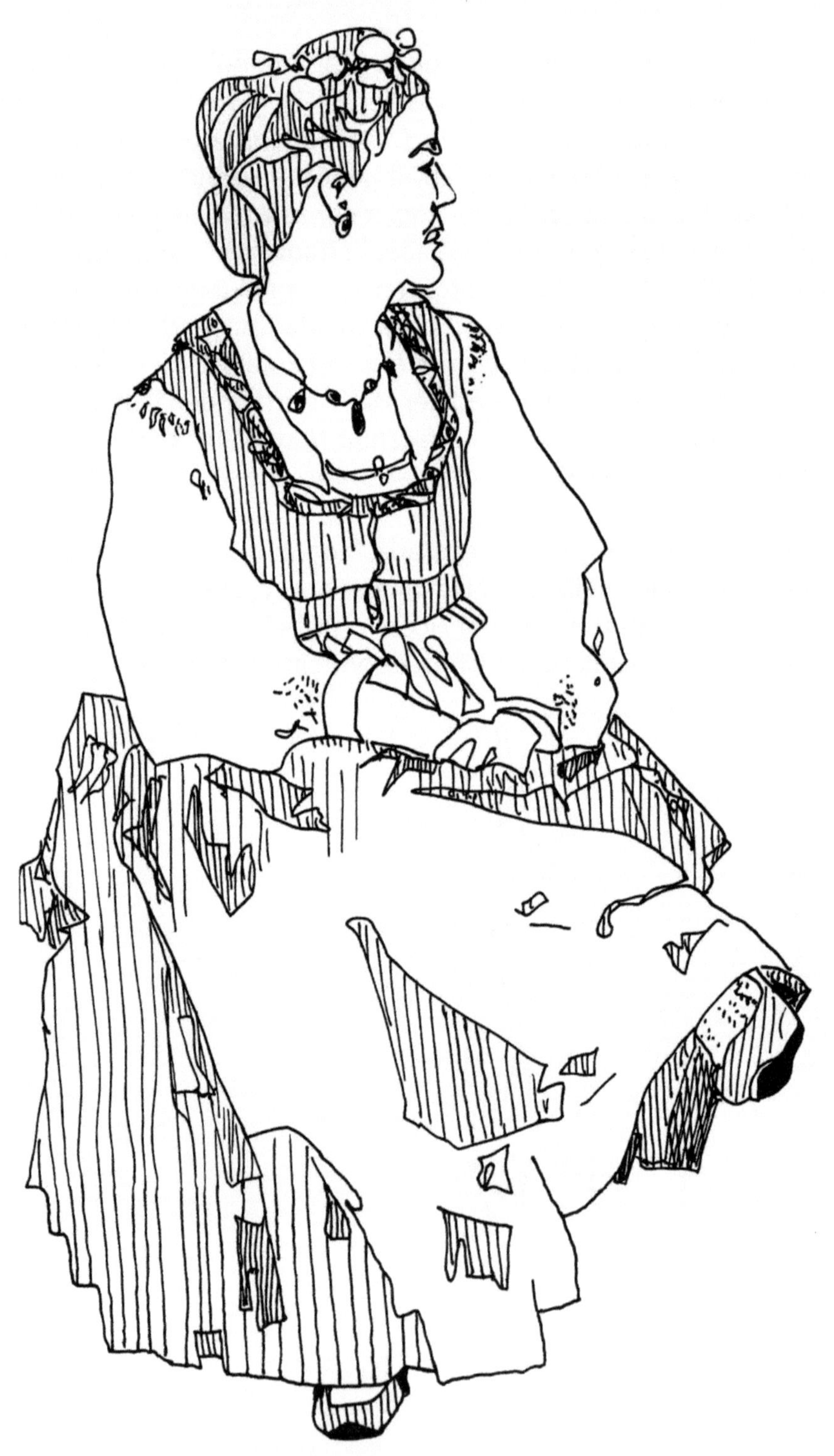

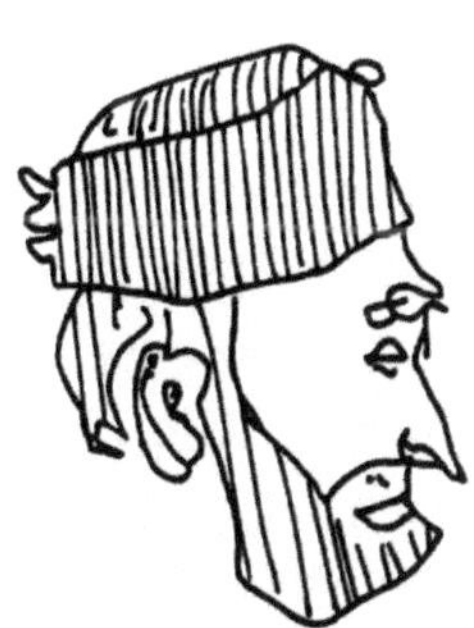

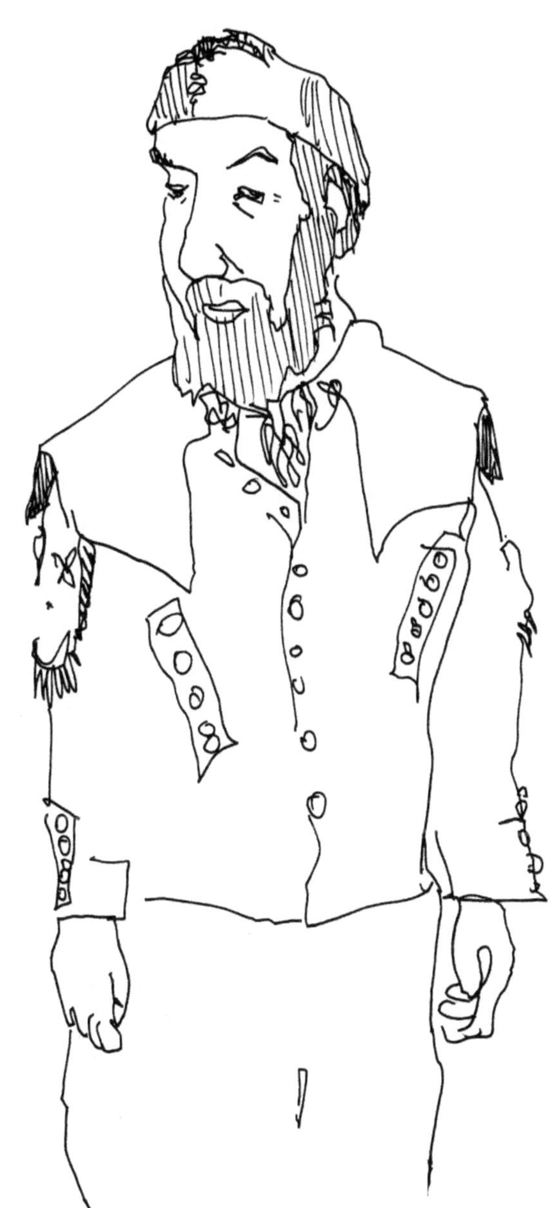

Kapitel 4.
Der Einfluß des Falles Maria Köck auf das Werk von Paula Grogger.

Handarbeitslehrerin Im Jahr 1916 war Paula Grogger als Handarbeitslehrerin in der Volksschule Öblarn tätig. Die Schule war damals noch bei der Kirche: Das Haus mit dem heutigen Kindergarten und Bücherei.

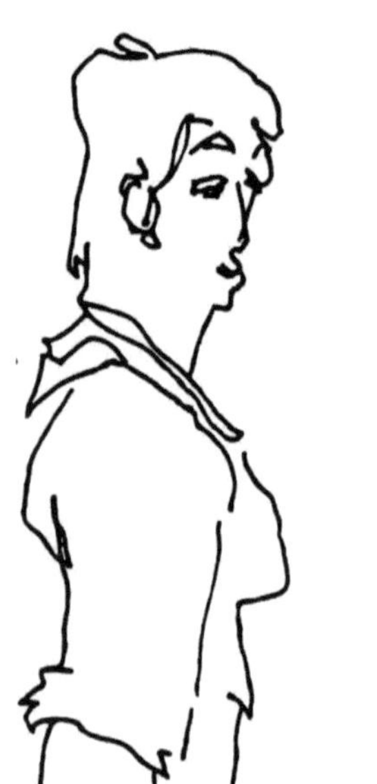

Aus der Schulchronik und der Schulmatrik weiß ich, daß für heutige Gewohnheiten das Schuljahr relativ spät begonnen hat. So ist für den Bruder Heinrich Köck im Jahr 1915 der erste Schuleintritt für den 16. Oktober verzeichnet: i nteressanterweise ein Samstag. Wie das wohl gehandhabt worden ist?

Ich sehe anhand von anderen Schulmatrikeinträgen anderer Häuser, daß zumindest im Jahrzehnt von 1907 bis 1919 immer der 16. Oktober der erste Schultag war. Oh glückliche Zeit der Sommerferien! Offenbar war den Leuten früher die Ferienzeit - die natürlich auch Arbeitszeit und Erntezeit war- wichtiger als heute. Mir ist schon klar, daß die Kinder für Arbeiten in Haus und Hof gebraucht wurden, aber so schlimm wie heute, daß sogar die Ferien für irgendwelche besonders wichtigen Fortbildungskurse und Diszipliierungslager verwendet werden, war es noch nicht: die Erfindung derartiger Übergriffe auf die Zeit der Kinder lag damals noch in ferner Zukunft.

Sommerende Mit dem Enddatum des Sommers bei 15. Oktober werden plötzlich auch andere literarische und geschichtliche Wissensbruchstücke plausibel. Die heute vergessene Lebensart der Sommerfrische hat mit einem Ferienende 31. August keinen Sinn mehr. In den literarischen Beschreibungen der Sommerfrische kommen nämlich auch die Äpfel und Früchte des Septembers vor: Der Maler Carl Larsson berichtet vom guten Apfeljahr, und dem Auflegen der Äpfel auf Kästen und Kommoden das den Abschluß der Sommerfrische markiert hat. Auch die Hilfe bei der Ernte ist immer wieder ein Thema in den Texten der Sommerfrischler. Ebenso die wiederkehrende Erzählung, daß Vater der sommerfrischenden

Giselabahn 1871 Familie zu Geschäften oder Amtsverpflichtungen früher aus der Sommerfrische in die Stadt gefahren ist, und Kinder, Frau und Gesinde noch in den Frühherbst hinein in der Sommerfrische geblieben sind. (Dies geschah wohl schon in der Eisenbahnzeit, die in Öblarn mit der Giselabahn im Jahr 1871 begonnen hat.) Wenn die Kinder bis Mitte Oktober frei hatten, ergeben diese literarischen

Geschichten einen Sinn.
Ich werde noch recherchieren aber ich gehe davon aus, daß im ausgehenden Kaiserreich in Land und Stadt und für alle gesellschaftlichen Schichten der Schulbeginn bei 16. Oktober gelegen hat. Aus den Geschichten um die Sommerfrische in Baden und die dortigen Sommervillen kenne ich die für heute unvorstellbare Lebensform, daß die Sommerfrischenden Familien im Frühsommer mit Sack und Pack eingezogen sind. Dabei haben sie die früheren Stadtwohnungen komplett aufgegeben. im Herbst, den ich nunmehr mit Mitte Oktober festmachen kann, sind sie aus der Sommervilla dann in eine ANDERE Wohnung eingezogen. Jährliches Wohnungswechseln war - wie ich den literarischen Zeugnissen entnehme, aber mir trotzdem nicht vorstellen kann - im 19. Jahrhundert offenbar eine normale Sache. Offenbar hatte man ein Netzwerk an Informanten, die zuverlässig eine geeignete neue Familienwohnung beschafft haben.
Und noch eine dazupassende Geschichte, die etliche Jahre vor den Badener Villen aus den 1810er bis 1820er Jahren spielt: Daß Mozart in den 1780er Jahren innerhalb von 10 Jahren in Wien 14 Wohnungen bezogen hat, paßt in dieses Phänomen.

Zurück ins Jahr 1916:
Paula Grogger war als junge 24 jährige Lehrerin in der Volksschule Öblarn. seit 1. Oktober 1914 war sie nach der Einberufung des früheren Klassenlehrers Johann Senbucher in die Armee des Kaisers zur Lehrerin der zweiten Klasse in der Schuldienst getreten.

Meine Hoffnung, in der Schulchronik neue Erkenntnisse zum Fall Maria Köck zu bekommen, lösen sich leider in Nichts auf. Die Sache ist nicht erwähnt.

Einige Zitate aus der Schulchronik geben ein Bild vom gestörten und doch normalen Leben im Ort. Zur Orientierung:
Maria Köck ist am 7. August 1916 verschwunden.
Ihre Leiche wurde am 2. Juni 1917 gefunden.
Was war also los zu dieser Zeitspanne?

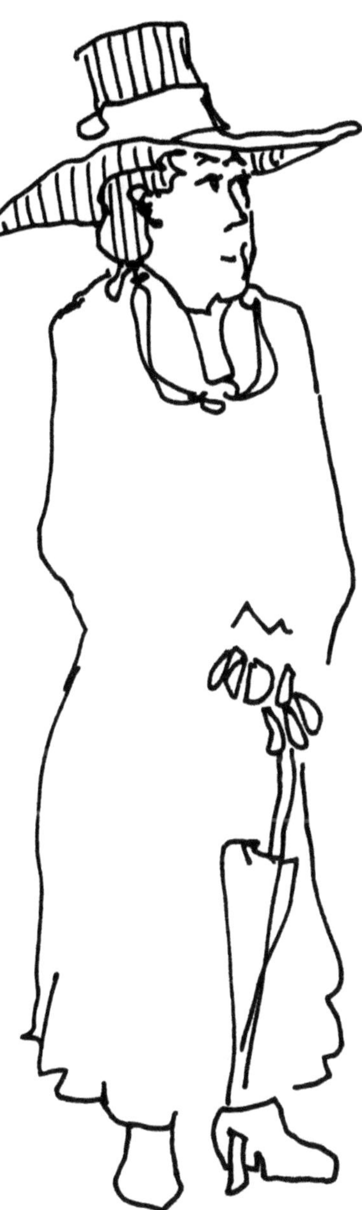

Im Jahr des Verschwindens

Aus der Schulchronik

Die Schulchronik berichtet:
(den Zeilenumbruch habe ich aus der handschriftlichen Übertragung belassen)

Musikalisches Fest

*„Der Abend des 17. August 1916
vereinigte die Gesellschaft von
Oeblarn zu einem musikalischen
Feste mit sehr ansprechender
Vortragsordnung und mit schönen künstlerischen und Fi-
nanzielten Erfolgen zu Gun-
sten von Kriegsfürsorgeakti-
onen."*

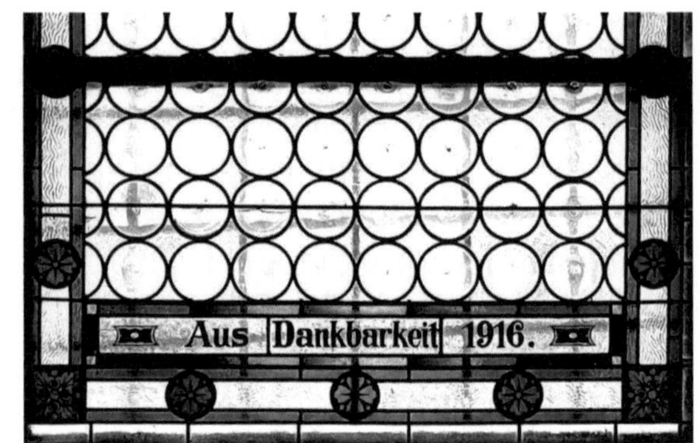

Huldigungsfeier

*„Am 20. August 1916 fand im
Schulhause aus Anlaß des Geburts-
festes Sr Majestät eine Huldigungsfeier der Schuljugend statt-
Nach dem Festgottesdienste
versammelten sich im Lehr-
zimmer der 3. Klasse die gela-
denen Gäste und lauschten hier
den von den Schülern vorgetra-
genen und von Frau Direktor
Brunnlechner auf dem Harmo-
nium begleiteten Weisen sowie
den teils ernsten teils heiteren
Deklamationen. Lehrerin
Ida Pohlner, welche die Lieder
und Vorträge mit den Kindern
einlernte, wurde zu den Erfolgen beglückwünscht. Dem Schulsup-
penfonde wurde ein Betrag von 103K
74h zugeführt."*

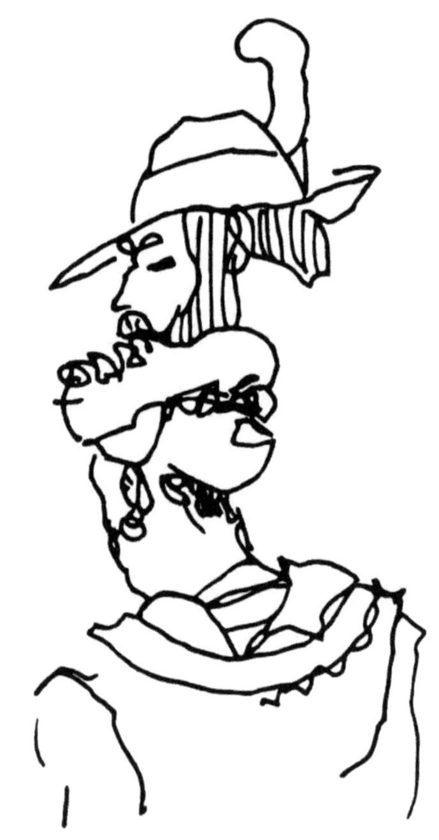

Zeichenunterricht

„Am 28. August 1916 hielt Herr Kais Rat Direktor Adolf Brunnlechner aus Triest im Schulhause einen Vortrag über die Richtungen des heutigen Zeichenunterrichtes. Über Einladung des Schulleiters beteiligten sich an diesem Vortrage 35 Lehrpersonen aus den Bezirken Rottenmann, Aussee, Gröbming, Irdning und Schladming."

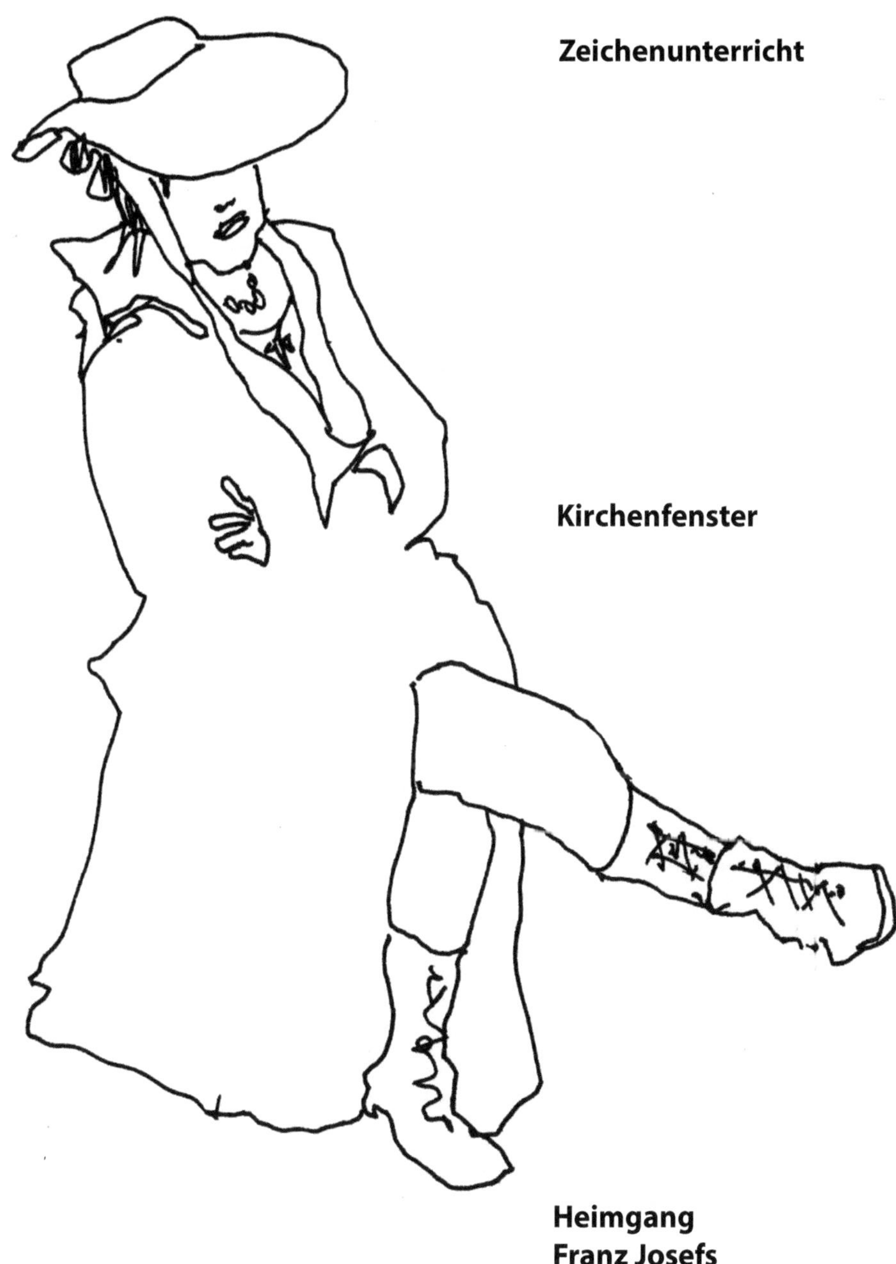

Kirchenfenster

„Die Kirche erhielt im Auguste 1916 einen schönen Schmuck. Alle Kirchenfenster wurden mit Putzenscheiben neu hergestellt und lassen nun das Innere der an Schmuck und Künstlerischer Ausstattung sehr armen Kirche mehr kirchlich erscheinen."

Heimgang Franz Josefs

„Mitten in dem heftigsten Weltkriegsringen wurden die Völker Oesterreich-Ungarns von dem Hinscheiden unseres allgeliebten väterlichen Herrschers und Heldengreises Franz Josef I. in die größte Trauer versetzt. Dieser edle, große Friedensfürst ging am 21. Novem ber 1916 um 9 abends im Schlosse Schönbrunn zu seinen glorreichen Ahnen heim."

Kaiser Karl I Thronbesteigung

„Am 21. November 1916 bestieg Karl I. den Thron. Allseits wurde ihm Vertrauen und aufrichtigste Bewunderung entgegengebracht, alle Herzen flogen ihm zu, ganz Oesterreich hofft auf ihn als dem Herrscher, dem es mit jugendlichem Mute und Eifer gelingen werde, die Monarchie nach Innen und nach Außen im Ansehen auf eine gebietende Höhe zu bringen."

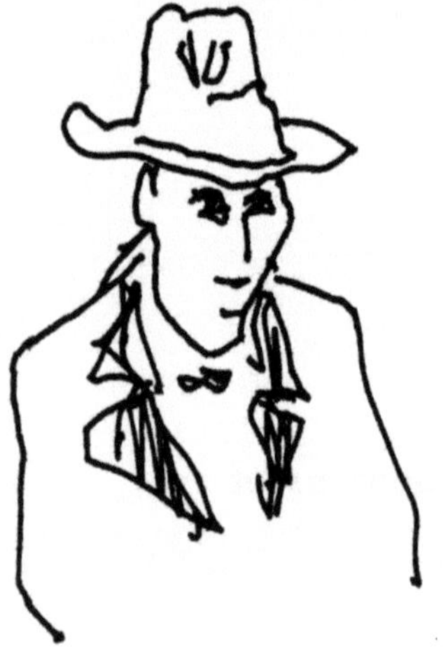

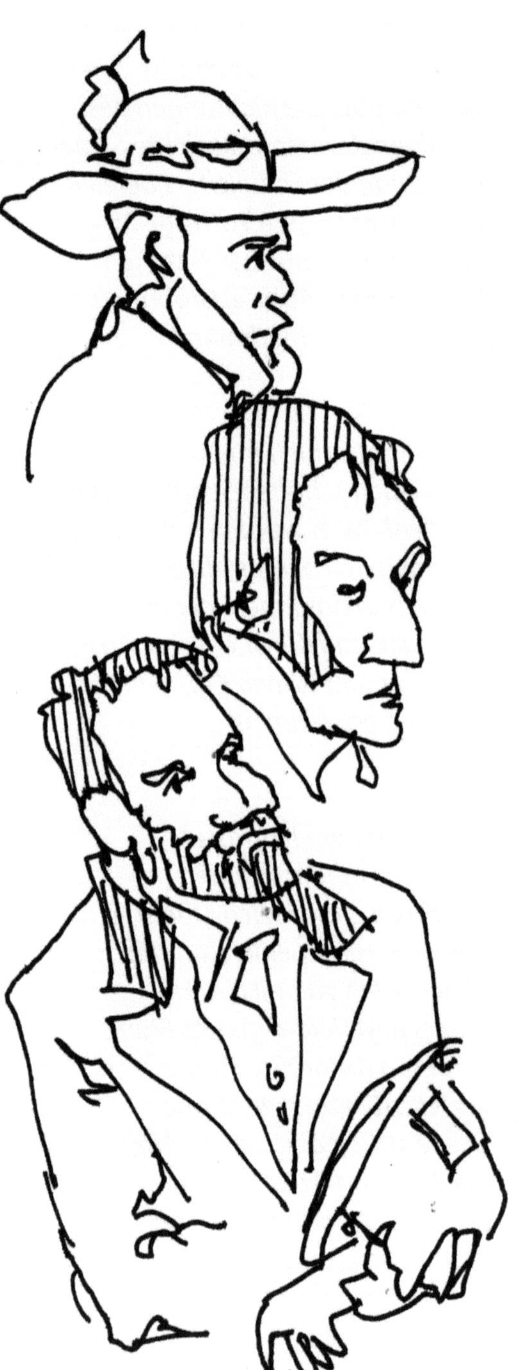

Suppenanstalten

„Am 20. Oktober 1916 nahm der Schulleiter in der Burg in Graz an einer Besprechung über die Jugendfürsorge teil. Es handelte sich hauptsächlich um die Ausgestaltung der Suppenanstalten- und um die Einführung der Holzsohlenschuhe für die Schulkinder."

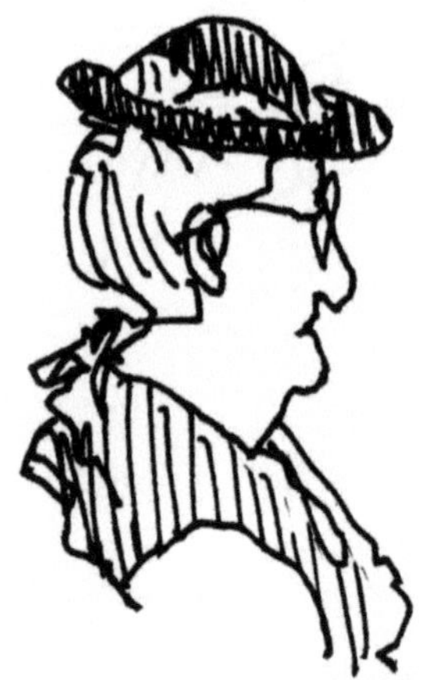

Eßbare und giftige Pilze

„Am 9. Juni 1917 fand im Saale des Gasthofes Fischer ein Lichtbildervortrag über eßbare und giftige Pilze statt. Die Schulen wurden angehalten, Pilze zu sammeln und einzusenden. Die Sammelaufträge überstürzten sich geradezu. Es sollten gesammelt werden Beeren verschiedenster Art, Brombeerblät-

ter, Brennessel, Laub u. zw. besonders das Laub des Schwarz- und des Rothollers, Pilze, Kirsch- kerne, Roßkastanien u. s. w."

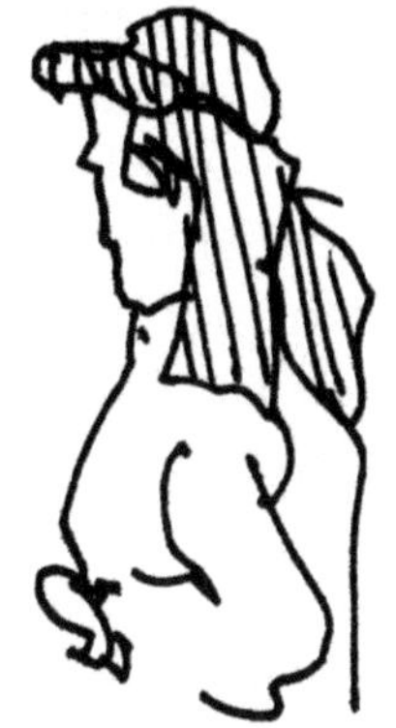

„Der Schulleiter kaufte die nach Abzug der Bahnwache freigewordene Wachhütte und stellte sie im Schulgarten auf, auch ließ er eine zweite Bienen¬ hütte aufstellen."

Hütte für Schulgarten

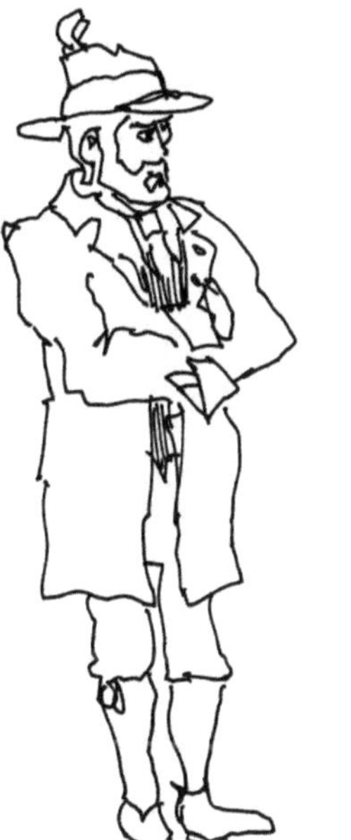

Ein Kluges Köpfel

Hinweis: die vollständige Schulchronik birgt noch ungeahnte Details!

1916:

Nach zwei Schuljahren war Paula Grogger schon eine routinierte Lehrerin, die sich im Tagesgeschehen der Schule auskennt. Wie heute wissen die Lehrerinnen natürlich schon im Sommer, welche Kinder aus welchen Häusern im Herbst in die Schule eingeschrieben werden würden.
Man kennt sich einfach: So viele Öblarner und zusätzlich die Einschichtbauern sind es ja nicht, daß eine Klassenlehrerin den Überblick verlieren würde.
Zudem war das Kind ja unterwegs im Ort und somit den Bewohnern bekannt.
Von dem einzigen Tag in seinem Leben, von dem wir wissen, war das Mäderl allein einkaufen beim Kramer Waidhofer, heute Kohlhofer-Haus. Etliche Leute haben sie gesehen und konnten sich später an sie namentlich erinnern.
Ein wiffes Kind, ein kluges Köpfel, von dem noch viel zu erwarten sei.
Auch wenn ihre vermeintlich spätere Lehrerin Paula Grogger in diesem Sommer 1916 immer noch mit den Nachwirkungen einer im Jahr zuvor schwer verlaufenen Blinddarmoperation haderte - sie war nach der Diagnose „Schrumpfniere" am Karfreitagstag 1916 auf Milchspeise- und Lichtbäder-Kur - , so muß ich doch annehmen, daß die Junge Lehrerin sehr gut über das Geschehen in Schule und Ort informiert war. Die Schuleinschreibung war erst im Oktober, aber im Sinn der Schulpflicht und Vorwegnahme der späteren Schuleintritte hatte man in der Lehrerschaft damals wie heute einen Überblick, welche Kinder noch kommen sollten.

Verlust Eduard Bartosch

Im Mai 1916 der Verlust Ihres geliebten Eduard Bartosch, dessen Todesnachricht erst zeitverzögert eingetroffen ist.
Und dann im August 1916 das Verschwinden der Köck Maria.
Unter großer Anteilnahme der Bewohner wurde gesucht. Zeugen wurden befragt, Gendarmerie und Militär waren im Ort, wie es im Gendarmeriebericht heißt. Keine Spur zu finden, große Aufregung und viel Anlaß zu Überlegungen und Tratsch. Die Phantasie und Dichterseele der jungen Lehrerin hätte noch viel beitragen können, aber noch schwieg sie. Zu sehr war sie mit eigenem Leid beschäftigt und mit dem mehrfachen Springen von der Schaufel des Todes.

Erste öffentliche Anerkennung als Dichterin

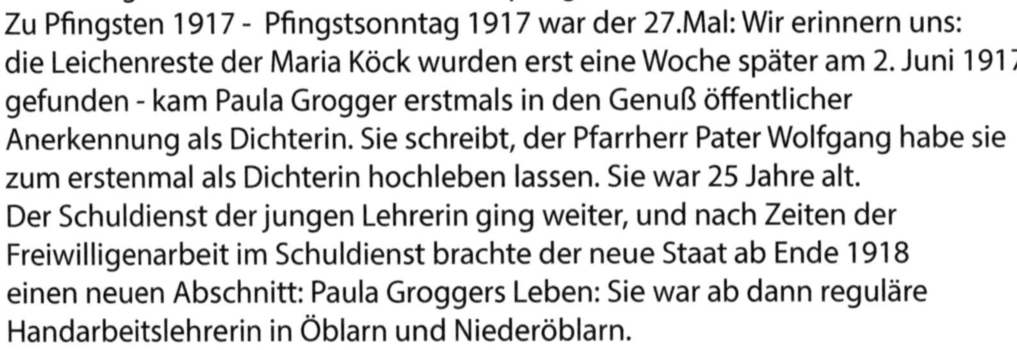

Zu Pfingsten 1917 - Pfingstsonntag 1917 war der 27.Mai: Wir erinnern uns: die Leichenreste der Maria Köck wurden erst eine Woche später am 2. Juni 1917 gefunden - kam Paula Grogger erstmals in den Genuß öffentlicher Anerkennung als Dichterin. Sie schreibt, der Pfarrherr Pater Wolfgang habe sie zum erstenmal als Dichterin hochleben lassen. Sie war 25 Jahre alt.

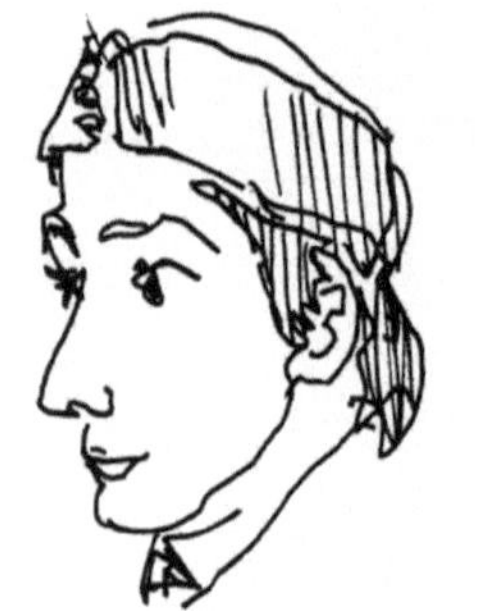

Der Schuldienst der jungen Lehrerin ging weiter, und nach Zeiten der Freiwilligenarbeit im Schuldienst brachte der neue Staat ab Ende 1918 einen neuen Abschnitt: Paula Groggers Leben: Sie war ab dann reguläre Handarbeitslehrerin in Öblarn und Niederöblarn.
Aber der Winter 1918 auf 19 brachte ihr den nächsten Schritt an die Kante des Grabes: Nach der Erkältung beim Schulgang nach Niederöblarn fand sie sich mit Spanischer Grippe und Tuberkulose erneut sterbenskrank. Sie schreibt darüber, daß die Prophezeihung einer alten Frau aus Schladming sie über die schlimme Krankheit getragen hat: *Sie habe die Aufgabe, viele Bücher zu schreiben, ehe sie sterben würde.* Da noch kein echtes Buch von ihr erschienen war, hielt sie sich in der Gewißheit aufrecht, daß auch diese Krankheit an ihr vorübergehen werde.

Prophezeihung

So war es denn auch, und sie begann in den frühen 1920er Jahren mit der Arbeit am „Grimmingtor", in das sie alles hineinpackte, was sie aus dem Öblarner Leben, den tradierten Geschichten, den Mythen und Bräuchen hatte aufnehmen können.

Die Außenseiterin

Auffallend sind die wiederkehrenden Geschichten von den unschuldigen und leidenden Kindern in ihren Texten. Kinder als Begleiter des Jesuskindes, ein Kind das die Fähigkeit hat, ins Grimmingtor einzudringen, schließlich die Waberl des Festspieles: von den anderen Kindern gehänselt, in den Dreck geschmissen. Eine Ausgestoßene, die nicht dazugehört und doch die höchsten Ehren erhält.

Die Betroffenheit der Paula Grogger über Tod und unerfülltes Leben hat noch diese Seite:
Am 16. Mai 1916, noch vor der Aufregung um das verschwundene Kind, traf Paula ein anderer Schicksalsschlag: Ihr Geliebter, Eduard Bartosch, früher Eisenbahn-Anwärter, starb 26 jährig im Krieg in Italien, bei der Erstürmung des Monte Coston. Sein Grab ist in Folgaria/Villgereuth südlich von Trento/Trient. Der Monte Coston ist etliche Kilometer süd-östlich von Villgereuth, einer der letzten Vorberge zur Küstenebene schon in Blickweite zu Venedig.

Schicksalsschlag

Ich werde das Gefühl nicht los, dass mein eigener Urgroßvater Achille Pasini, geboren in Trento, also wohl Untertan des Kaisers, 6 Jahre jünger als Ewald Bartosch, sich zu der Zeit in der gleichen Gegend bewegt hat. Seine Liebschaft mit meiner Urgroßmutter, eine Kriegs-Krankenschwester aus Linz, tätig in Bozen, hat ein halbes Jahr später meinen Großvater Franz Achill hervorgebracht. Und ohne es genau zu wissen, halte ich es für möglich, dass sich die beiden begegnet sind.

Sind sie sich begegnet?

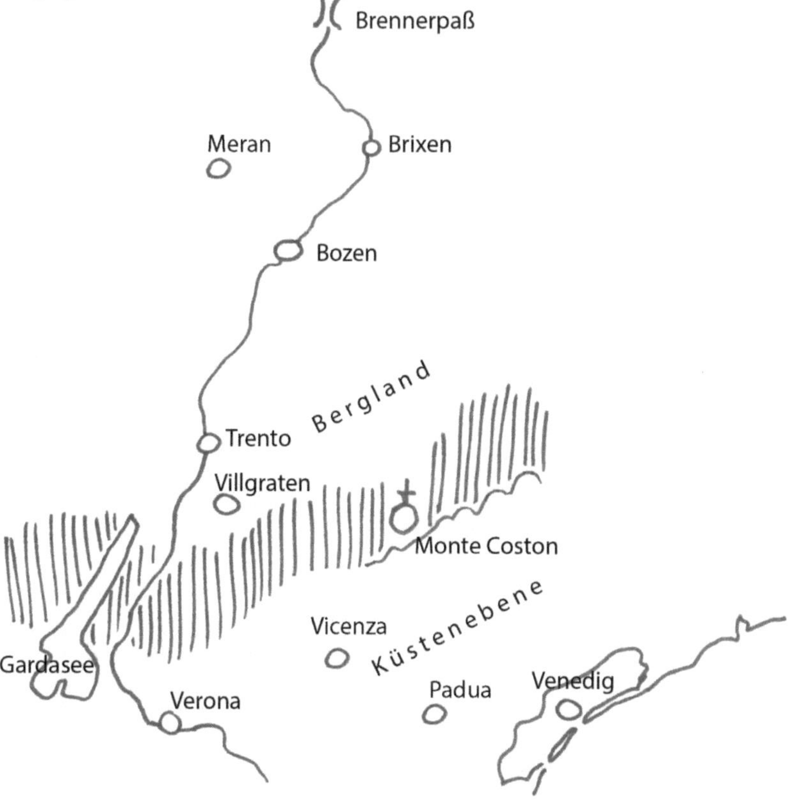

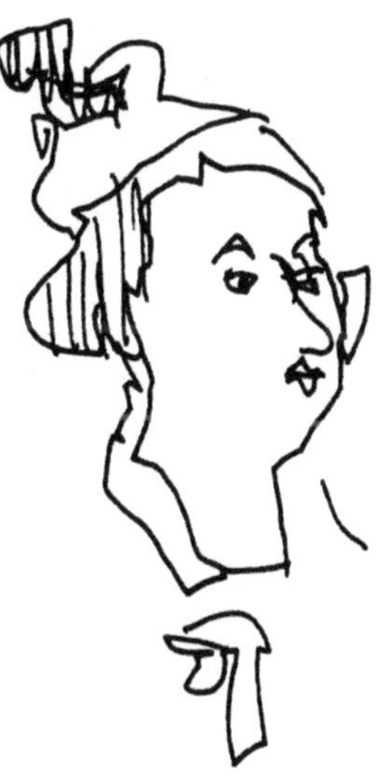

Den persönlichen Verlust des Geliebten Eduard Bartosch hat Paula Grogger im Gedicht „Das Grab in Villgereuth“ verarbeitet.

Das Grab in Villgereuth

Mein Lieb ist tot.
Wildweinend ist das Klagen aufgeloht,
Was ich verschwieg in hundert bittern Tagen,
Was ich in hundert Nächten stumm getragen.

Die Kugel traf.
O bettet meinen Toten gut zum Schlaf!
Senkt eure Fahne noch in letzten Gnaden
Und singt das hohe Lied vom Kameraden.

Dann mögt ihr gehn.
Ich bleib allein bei seinem Hügel stehn,
Ich bleib allein bei einem Sturmesmüden
Und hege deutsche Liebe tief im Süden.

Jahraus, jahrein
Soll eine Kerzenflamme brennend sein,
Soll seine Blume welk im Betbuch liegen.
Gott seis geklagt,
Daß mir der Tod versagt
Ein Kind zu wiegen.

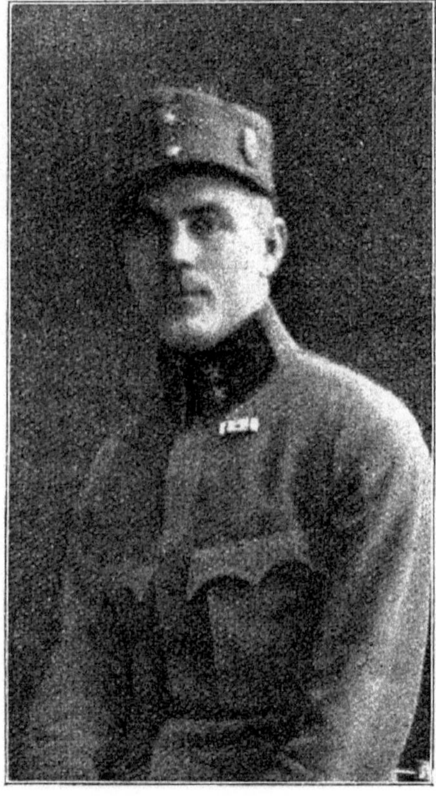

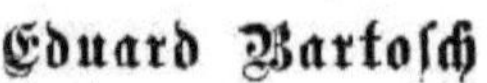
Eduard Bartosch

Oberleutnant in einem k. u. k. J.-R.

Besitzer des Signum laudis und des Militär-Verdienstkreuzes dritter Klasse mit der Kriegsdekoration.

Fand am 17. Mai 1916 im Kampfe gegen Italien bei der Erstürmung des Monte Coston den Heldentod für Kaiser und Vaterland. Er starb im Alter von 26 Jahren und liegt im Militärfriedhofe zu Folgaria begraben.

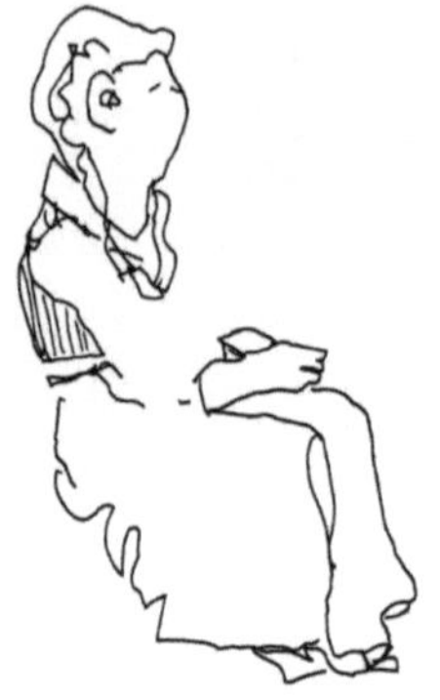

Das Festspiel 1936

Als 1936 der Aufruf der Landesregierung zu Huldigungsveranstaltungen für Erzherzog Johann an alle Landesbewohner erging, hat in meiner Vorstellung Paula Grogger diesen „Plot" geschrieben:
Die Handlung des Spieles in provokanter Kürze:
„Das Einöder Kind huldigt dem Erzherzog und seiner Anna. Davor irrt sie mit der Einöd-Großmutter suchend herum. Sie ist nicht mit den anderen Schulkindern zusammen, weil sie zu denen nicht dazugehört. Um diese zentrale Handlung herum gibt es etliche weitere Dialoge."

In provokanter Kürze

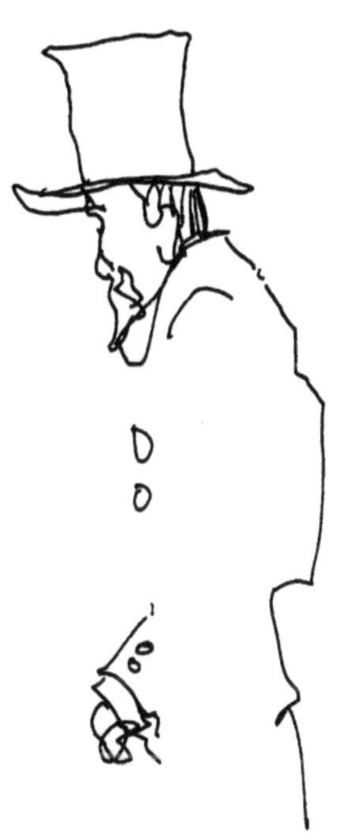

Und die anderen Figuren des Festspiels?

Ich bin sicher, daß noch viele Figuren des Spiels sehr tief mit Öblarner Schicksalsvorbildern verknüpft sind.
Eine der ersten auftretenden Spieler ist der Spatzenschröck. In diesem ist auch eine tragische Figur zu erkennen, die den Spielern bei der Premiere 1936 sicher noch bekannt war. Auch er eine Lücke im Ort, abwesend wie die Einöder Maria, aber literarisch an einem Ehrenplatz.

Was soll man vom Figurenuniversum der Paula Grogger halten?

Um 6 Monate älter als Paula Grogger war J.R.R.Tolkien. Ein Jahrgangskollege des Jahres 1892, geboren in Südafrika, später in England lebend. Auch er schuf wie Paula ein Figurenuniversum, und eigene Sprachen dazu, Sprachen, die keiner so spricht, aber deren Klang die Stimmung der Handlung unterstreicht und vorantreibt.

Figurenuniversum

Wenn es heißt, das „Grimmingtor" sei mit der Handlung des „Lobenstock" und auch der des Festspiels eng verknüpft, daß also manche Figuren hier wie dort vorkommen, so zeigt dies, daß alle Stücke der gleichen literarischen Gedankenwelt entspringen: Aus realen Figuren, Legenden und Mythen gesammelt, in einer Tiefe geforscht und verflochten, sodaß Neues daraus entstehen konnte: der kommerzielle Erfolg des „Grimmingtores" ebenso wie der Glücksgriff des Festspieles.

Aus realen Figuren, Legenden und Mythen

Das nämliche hat der Jahrgangskollege Tolkien zeitgleich gemacht: in den 1920er und 30er Jahren hat er aus mythologischen Texten, aus historischen und literarischen Quellen inspiriert, in teils absichtlich etwas alt klingender Sprache sein Geschichtenuniversum aus Auenland und Mittelerde gefunden und in fantasievollen Geschichten ausgebreitet.

Zurück und zugleich vorwärts schauen

Diese literarische Grundstimmung des zurück und zugleich vorwärts Schauens in den 1910er und 20er Jahren bringt der Ire **William Butler Yeats**
in seinem Gedicht „A Coat" in ein treffendes Bild, wenn er dichtet:
(hier der Beginn des Gedichtes)

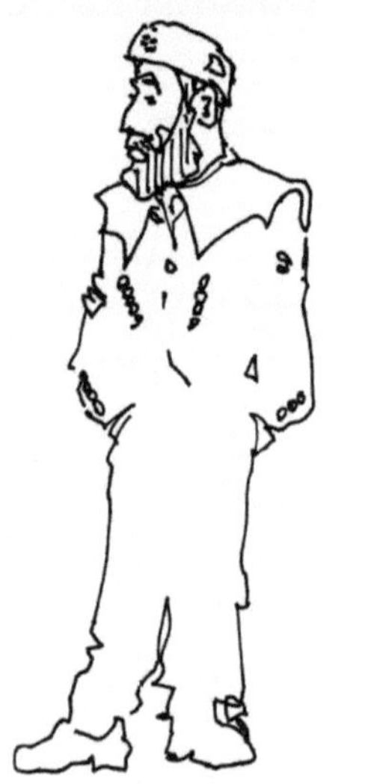

I made my song a coat
Covered with embroideries
Out of old mythologies
From heel to throat;
....

Ich mache aus meinem Gesang einen Mantel zu tragen
vom feinestem Stickwerk gewirkt
durch uralte Mythen bestirkt
vom Saum hinauf zum Kragen;
...

Der Weltgeist

Ob in Irland, in England oder in Öblarn: Dichter sind mit dem Weltgeist verbunden und greifen unabhängig voneinander die ähnlichen Themen heraus:

Spüren, Formen Schreiben

Alte Überlieferungen als Grundlage für ein Universum neuer Texte:
Die Dichter tun es zu jeder Zeit: Spüren, Formen, Schreiben.

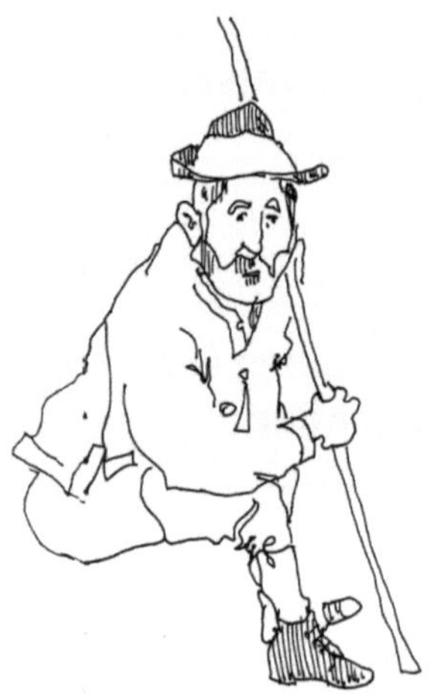

Wenn uns heute **Tolkien** cooler vorkommt als **Grogger**, so muß man aber einräumen, daß dies dem Zeitgeschmack unterliegt. In den 1920er Jahren war Grogger beim Lesepublikum deutlich angesagter als Tolkien.
Letzterer hat später aufgeholt, insbesondere durch seine Mittelerde Trilogie.
Aber beide Autoren des Jahrgangs 1892 haben ihre Schrullen
und ihre Qualtäten.
Auch in Zukunft müssen beide gelesen werden.

Zeitlinie der beschriebenen Ereignisse:

Samstag, 24. Oktober 1908	*Geburt Heinrich Köck*
Donnerstag, 27. Jänner 1910	*Geburt Maria Köck*
Donnerstag, 1. Oktober 1914	*Paula Grogger unterrichtet erstmalig in der Volksschule*
Samstag, 16. Oktober 1915	*Heinrich Köck eingeschult*
Mittwoch 26. Jänner 1916	*Entführung der Rosa Kolb in Bayern*
Donnerstag, 6. April 1916	*Eyben entspringt dem Landesgerichtsgefängnis in Bayern*
Donnerstag, 16. Mai 1916	*Eduard Bartosch, der Geliebte von Paula Grogger stirbt.*
Juni 1916:	*Eyben ist nahe Steyr als Taglöhner*
Freitag 21. April 1916	*Paula Grogger erhält die Diagnose Schrumpfniere daraufhin Diät.*
> **Montag 7. August 1916**	**Maria Köck verschwindet nach dem Einkaufen.**
Dienstag, 8. August 1916	*Eyben marschiert durch das Englitztal Richtung Sölk*
im August 1916	*werden die neuen Kirchenfenster montiert*
Montag, 14. August 1916	*Eyben beginnt als Tischerhelfer in Steyr*
Donnerstag, 17. August 1916:	*musikalischer Abend*
Sonntag, den 20. August 1916:	*die Huldigungsfeier zum Geburtstag des Monarchen*
Montag, 28. August 1916	*Vortrag über Zeichenunterricht*
Samstag, 9. September 1916	*Eyben und Kinder werden vom Tischler Ecker entlassen*
Sonntag, 10. September 1916	*Entführung der Anna Schmidhuber in Garsten*
Montag 11. September 1916	*Ermordung der Anna Schmidhuber in Garsten*
Samstag, 16. September 1916	*Eyben als Dieb in Guntendorf*
Freitag 20. Oktober 1916	*Vortrag über Suppenküchen für Schüler*
Dienstag, 21. November 1916	*Kaiser Franz Josef I stirbt um 9h abends*
Dienstag 21. November 1916	*Kaiser Karl besteigt den Thon der Doppelmonarchie: Kaiser von Österreich und König von Ungarn*
Dienstag, 25. April 1917	*Prozeß gegen Eyben: Todesstrafe*
Sonntag, 27. Mai 1917	*Paula Grogger wird erstmals öffentlich als Dichterin geehrt*
> **Samstag 2. Juni 1917**	**Leichenreste von Maria Köck werden gefunden**
> **Mittwoch, 6. Juni 1917**	**Begräbnis von Maria Köck am Öblarner Friedhof.**
Samstag, 9. Juni 1917	*Vortrag über giftige und eßbare Pilze im Gasthof Fischer*
Dienstag, den 12. Juni 1917	*Grazer Volksblatt berichtet in der Morgenausgabe*
Samstag, den 16. Juni 1917	*Steierische Alpenpost schreibt*
Dienstag, 4. Dezember 1917	*Begnadigung durch Kaiser Karl zu lebenslanger Haft für Eyben*
Mittwoch, 11. September 1918	*Eyben in Dunkelhaft ohne Essen im Gefängnis Garsten*
Samstag, 9. November 1918	*Eyben stirbt im Gefängnis Garsten*

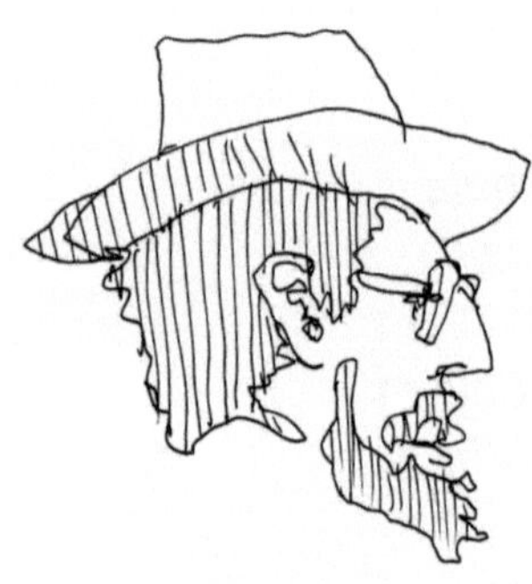

Winter 1918 auf 19	*Paula Grogger stirbt fast an Lungenentzündung nach Schulmarsch*
ab 1920	*Paula Grogger schreibt das „Grimmingtor", es erscheint 1926*
1936	*schreibt Paula Grogger den Text für das Festspiel*
Sonntag, 9. August 1936:	*Uraufführung der „Hochzeit"*

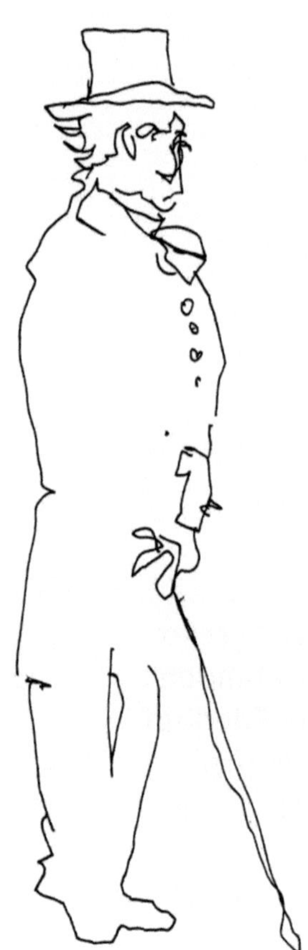

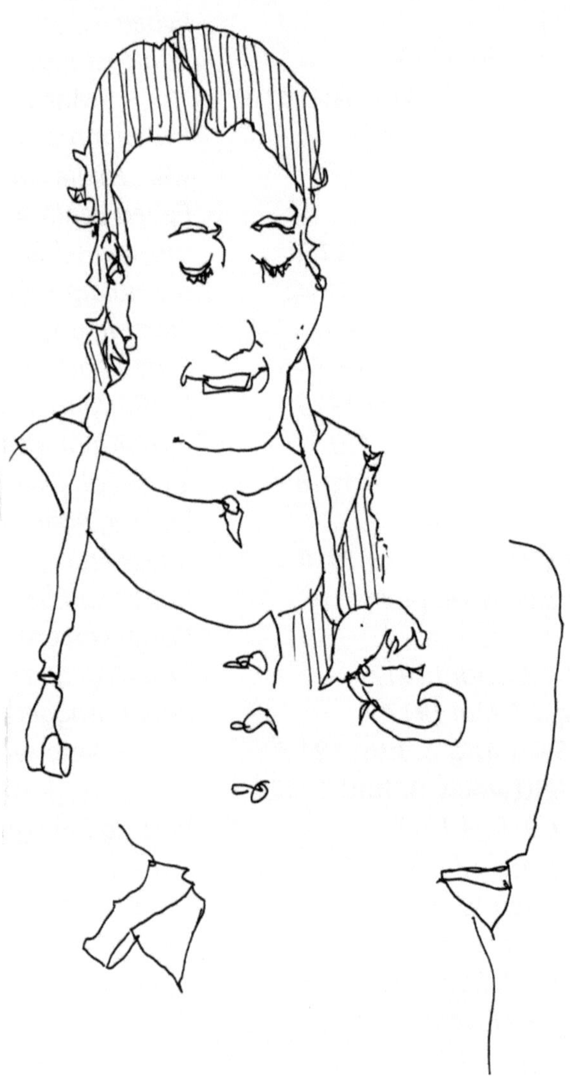

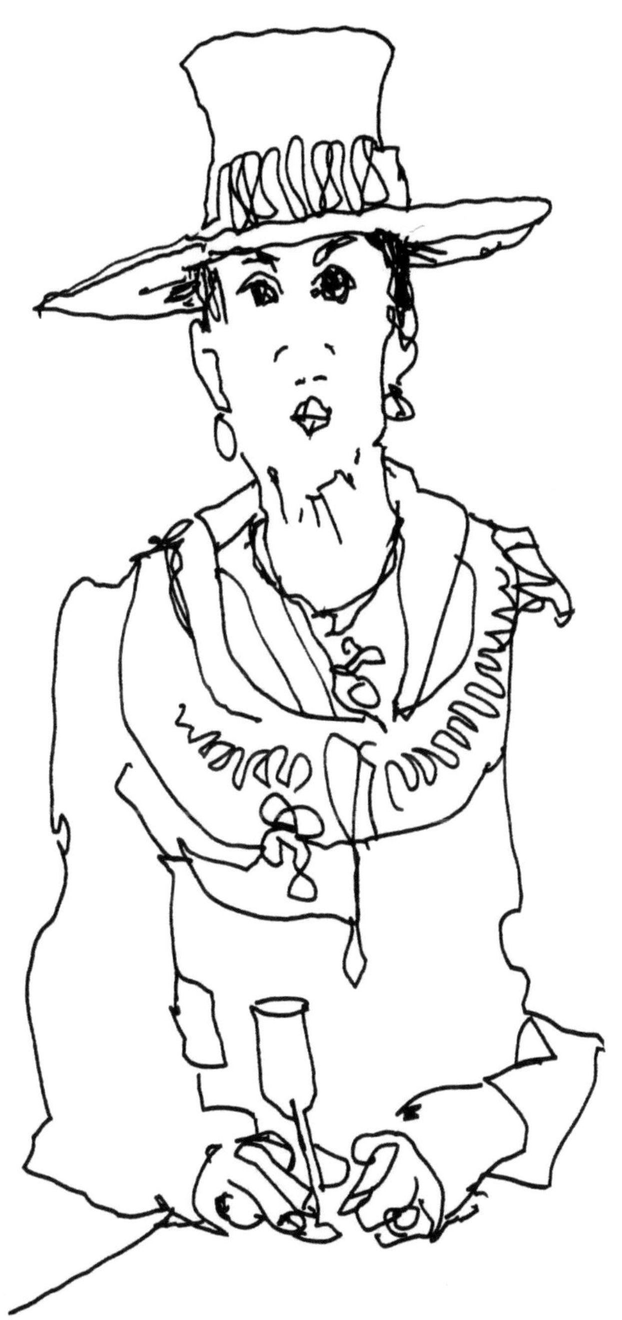

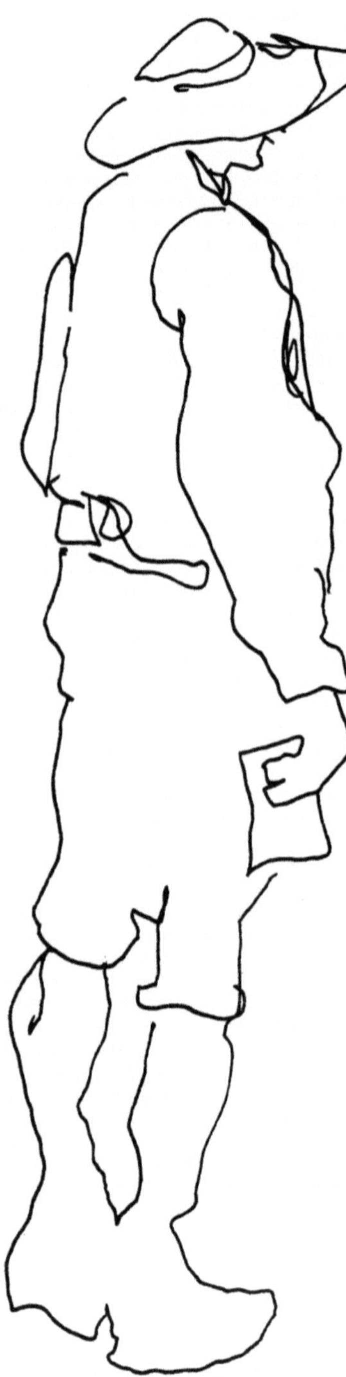

Wir freuen uns auf das nächste Festspiel!

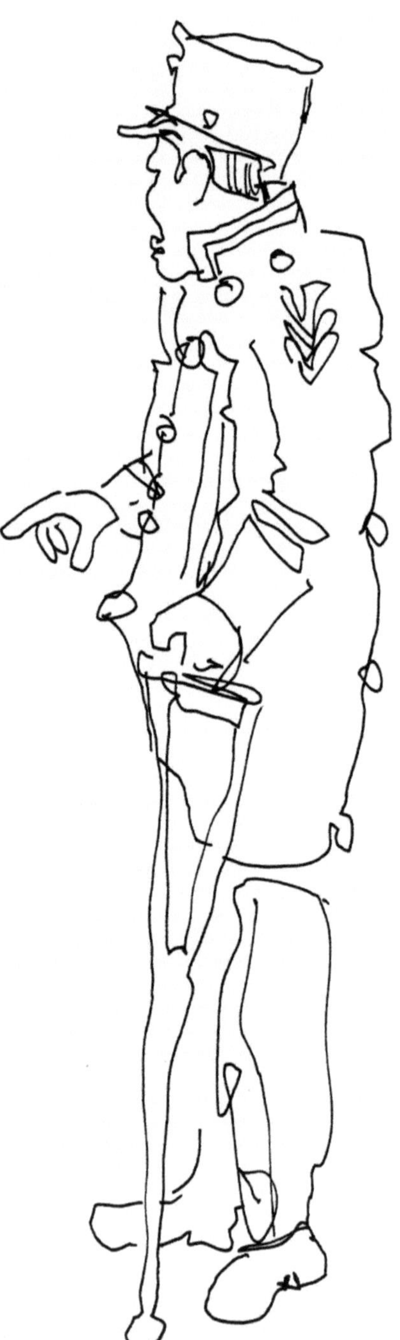